Sathya Sai Baba · Besinnung auf Gott

Sathya Sai Baba

Besinnung auf Gott

Dhyāna Vāhinī

Sathya Sai Vereinigung e. V., Bonn

Das Original erschien in Telugu
Vom Telugu ins Englische übersetzt von N. Kasturi
Aus der 4. Auflage 1975 der englischsprachigen Ausgabe
ins Deutsche übertragen von
Benita Bonin und Ruth Ganzer
Überarbeitung der Neuauflage Benita Bonin
Einbandgestaltung Hans-Bernd Sluet

CIP-Titelaufnahme der Deutschen Bibliothek

Sathya Sai Baba:
Besinnung auf Gott: Dhyāna Vāhinī / Sathya Sai Baba. –
2., vollst. überarb. u. erw. Aufl. –
Bonn: Sathya-Sai-Vereinigung, 1989
ISBN 3-924739-32-3

2. vollständig überarbeitete und erweiterte Auflage, 1989

Verlag Sathya Sai Vereinigung e. V., Bonn
Sathya Sai Baba Buchzentrum Deutschland
Grenzstr. 43, D-6057 Dietzenbach
ISBN 3-924739-32-3

Herstellung:
Hans Richarz Publikations-Service, Sankt Augustin

Zur Übersetzung:

In dieser Schrift wurden alle Sanskritausdrücke des englischen Originals ins Deutsche übertragen. Da es sich hierbei oft um philosophische Konzepte handelt, für die es im Deutschen nicht immer eindeutige Entsprechungen gibt, wurden sie dem Sinnzusammenhang gemäß jeweils mit dem annähernd treffendsten Begriff wiedergegeben. Um dem Leser eine Zuordnung zu ermöglichen, wurden die Sanskritworte in Klammern im Text belassen. Die Wiedergabe erfolgte in der vereinfachten Umschrift.

Zur Aussprache der Sanskritwörter:

Die Vokale ā, ī, ū sowie e und o sind immer lang (wie in Rat, Sieg, Zug, See und Dom)

c = tsch (kla*tsch*en)
j = dsch (engl. *j*oy)
s = ss (Wa*ss*er)
sh= sch (*Sch*all)
v = w (*W*ort)
y = j (*j*eder)

Das h in bh, ch, dh, gh, jh, kh, ph, th, ist als ein deutlich hörbarer Hauchlaut zu sprechen (z. B. *budd-hi*).

Die Betonung richtet sich nach der Länge der Vokale. Der Ton wird bei längeren Worten bis zur drittletzten Silbe zurückgezogen, wenn die vorletzte kurz ist (z. B. *sā́dhana, vā́sanā, sáttvika*). Wenn die vorletzte Silbe lang ist (durch Länge oder folgende Doppelkonsonanz), trägt sie den Ton (z. B. *ānánda, bhāvaróga, ahamkā́ra*).

Vorwort

Wir dürfen uns überaus glücklich schätzen, Zeitgenossen von Shrī Sathya Sai Baba zu sein, denn Seine Stimme ist die authentische Stimme des Herrn selbst. Er ist leicht zu erreichen und für alle Menschen da, Gläubige und Ungläubige, Kranke und Gesunde, Kluge und Einfältige.

Er ist gekommen, um die gute Ordnung (*dharma*) in den menschlichen Beziehungen wiederherzustellen, um diejenigen, die den spirituellen Weg gehen (*sādhakas*) zu ermutigen und um die Menschen, die der Welt entsagt haben, um Gott zu verwirklichen (*sādhus*), zu läutern.

Er begann dieses Werk im Alter von vierzehn Jahren, als Er verkündete, Er sei der Heilige von Shirdi – der wiedererschienene Sai Baba; Sein Erscheinen geschehe zur Erfüllung des Versprechens, das der Heilige gegeben habe. Dieses Versprechen besagte, daß Er acht Jahre nach dem Ablegen Seines irdischen Körpers wiederkommen würde, um Sein Werk zu vollenden.

Shrī Sathya Sai Baba gibt uns Zeichen Seiner Göttlichkeit, indem Er still und unauffällig fortgesetzt Wunder tut, die jenseits aller wissenschaftlichen Erklärbarkeit liegen. Er berät, tröstet, hilft, erfüllt Wünsche, und vor allem ermuntert Er die spirituell Suchenden dazu, ihren Weg auf Ihn hin weiterzugehen, denn Er ist das Absolute, das Ziel. Jedes Seiner gesprochenen oder geschriebenen Worte ist ein Kernsatz (*mahāvākya*) der vedischen Weisheit, durch welchen Er verkündet, daß das wahre Selbst des Menschen mit dem Göttlichen identisch ist.

Dieses Buch ist die Übersetzung Seiner unschätzbaren Unterweisungen an alle Schüler des spirituellen Weges, die zunächst als eine Folge Seiner in Telugu verfaßten Aufsätze im „*Sanātana Sārathi*" veröffentlicht wurden. Babas Telugu ist voller Charme, einfach und direkt zu Herzen gehend. Es in andere Sprachen zu übersetzen bedeutet, ihm viel von dem ihm eigenen nektargleichen Zauber zu rauben. Für alle, die mit Telugu nicht vertraut sind, ist dies jedoch die beste Art, sich mit Seinen Lehren vertraut zu machen; und so legen wir dieses Buch in die Hände aller, die den Weg gehen wollen.

Möge allen, die Babas Worte lesen und ihnen folgen, Erfolg beschieden sein. Mögen sie durch Seine Gnade in Seine heilige Gegenwart geführt werden!

N. Kasturi
Herausgeber des „*Sanātana Sārathi*"

Meditation
ist die einzig rettende Insel
im Meer des Lebens
für alle,
die von den Wogen ihrer Wünsche,
ihrer Zweifel, ihrer Ängste und Nöte
umhergeworfen werden.

ॐ

Vom Aufwachen bis zum Einschlafen, von der Geburt bis zum Tod, ist jeder Mensch unweigerlich in irgendeiner Weise tätig und löst mit allem, was er tut, Folgen aus. Niemand kann sein Leben lang stillsitzen, ohne etwas zu tun. Tätigsein (*karma*) ist eine Lebensbedingung, der sich kein Mensch entziehen kann, deshalb sollte sich jeder im Klaren darüber sein, in welcher Weise es zu handeln gilt.

Nur auf zwei Arten kann man tätig sein: Entweder in der sinnenverhafteten, bindenden (*vishaya-karma*) oder der nicht-bindenden, befreienden (*shreyo-karma*) Art. Bindendes Tun hat heutzutage überhand genommen, und deshalb nehmen Elend und Ratlosigkeit in der Welt immer größere Ausmaße an. Handlungen, die Abhängigkeit erzeugen oder verstärken, machen unglücklich und unzufrieden. Jegliches Tun dagegen, welches nicht bindet, trägt zu mehr Freude und Glück bei. Nicht, daß es nur oberflächliches Vergnügen bereitete – es wirkt auf das Innere und erfreut die Seele (*ātmānanda*)! Auch befreiendes Tun kann sich im äußeren, sichtbaren Bereich abspielen, kommt aber dem inneren zugute. Das ist die richtige Art, im Leben tätig zu sein.

Mit weltverhaftetem, bindendem Tun sind alle Aktivitäten gemeint, die auf äußerliche, materielle Resultate abzielen. Diese Art des Tuns ist gewöhnlich von dem Wunsch motiviert, etwas dafür zu bekommen. Das Herbeiwünschen der Ergebnisse unseres Tuns aber zieht uns hinein in die Schlingen der Ichsucht und des Besitzdenkens, zum Dämon der Begehrlichkeit und der Habgier. Wer stets seinem Verlangen nachgibt, erlebt ein ständiges Wiederaufflackern seiner Wünsche – geradeso, als gösse er Öl in ihr Feuer. Weltlichen Genüssen (*vishaya*) den höchsten Wert beizumessen ist das gleiche wie Gift (*visha*) für kostbar zu halten!

Einer, der sich wohl mit den Objekten der Sinnenwelt beschäftigt, sich aber darin übt, die Ergebnisse und Konsequenzen seines Tuns nicht für sich zu beanspruchen, wird sich von Ichsucht, Besitzdenken und Wünschen freimachen können. Es kann sogar sein, daß er von diesen Wesenszügen gar nicht mehr berührt wird. Sie werden ihm nie mehr zu schaffen machen. So rein, makellos, geradlinig und selbstlos ist das befreiende Tun!

Das Prinzip des Handelns ohne einen Gedanken an die Früchte, die es einbringen könnte (*nishkāma*), wird ausführlich in der *Gītā* dargestellt.

Wer sein Denken und Fühlen in dieser Richtung schult, wird feststellen, daß sich Wahrhaftigkeit (*satya*), Rechtschaffenheit (*dharma*), Frieden (*shānti*) und Liebe (*prema*) in ihm entfalten. In Verbindung mit der Wiederholung des Namens Gottes ist der Weg des befreienden Tuns derjenige, welcher einen Menschen zutiefst glücklich und froh macht. Auf diesem Weg findet jeder die größte Zufriedenheit.

Jedem, der diesen gesegneten Weg beschreitet, wird der Herr selbst alles Nötige dazu geben: alles, was er verdient hat und was seiner Seele Frieden schenkt. Bringt dem Herrn all euer Tun dar, ohne irgendetwas dafür zu erwarten – das wird euch die größte Freude bereiten und ist dazu noch am einfachsten!

Die Unwahrheit zu sagen und gegen die Rechtschaffenheit zu verstoßen, ist mit größten Schwierigkeiten verbunden. Ganz leicht dagegen ist es, sich an die Wahrheit zu halten und den Weg der Rechtschaffenheit zu gehen. Eine Sache so auszusprechen, wie sie ist, ist eine angenehme, unkomplizierte Angelegenheit; man braucht nicht einen Moment darüber nachzudenken. Um aber von etwas zu reden, was nicht existiert, muß man es erst erfinden; das zieht einen leicht in den Strudel von Ängsten und Wahnvorstellungen, in Unruhe und Sorge.

Anstatt euch durch euer Tun an die Dinge der Welt zu binden und einen Weg zu gehen, der euch nur in Schwierigkeiten und Verwicklungen führt, wählt den befreienden

Weg, der Freude macht und welcher der wahre, zeitlos gültige und heilige ist!

ॐ

Die beste Methode, diesen Weg zu gehen, ist die Versenkung in Gott, Meditation (*dhyāna*). Heutzutage streiten sich viele Leute mit neuen, verworrenen Vorstellungen darüber, wie man meditieren sollte und warum. Dabei haben sie die Meditation weder gekostet noch ihre reinigende Wirkung an sich selbst erfahren. Das ist der Grund, weshalb die Meditation so häufig kritisiert und zynisch belächelt wird. Meine Absicht ist es, diese Leute zu lehren; darum spreche ich hier darüber.

Seht! Jeder Mensch auf dieser Erde ist in seinem Innern ein anderer, als er sich nach außen gibt. Das weiß jeder, obgleich es niemand gerne zugibt. Die wenige Freude, die die Menschen noch genießen, büßen sie auch noch durch Streit und Zwistigkeiten in ihren Familien ein. Den letzten Rest ihres inneren Friedens verlieren sie in dem Moment, wo sich physische und materielle Probleme einstellen.

Um euch ein Bild von der Lage des Menschen zu machen, stellt euch einen Ackerwagen vor: Von allein kann er sich nicht fortbewegen, sondern nur, wenn zwei Zugtiere davorgespannt sind. Die Fahrt kann nur dann gutgehen, wenn die Tiere gelernt haben, den Wagen zu ziehen und den Weg kennen, dem sie folgen sollen. Wenn sie jedoch nichts vom Wagenziehen verstehen und den richtigen Weg noch nie gegangen sind, wenn sie sich bisher immer nur rund um ihren Pflock, an den sie festgebunden waren, in ihrem eigenen Schmutz gedreht haben – dann kann die Reise nicht gelingen! Der Wagen geht dabei in die Brüche!

Gleich dem Wagen ist auch unser Ich, unser inneres

Instrumentarium (*antah-karana*), nicht in der Lage, sich von selbst zu bewegen. Es muß mit den zueinander gehörenden „Zugtieren" Unterscheidungsvermögen (*buddhi*) und Geist (*manas*) verbunden sein. Die Zugtiere „Unterscheidungsvermögen" und „Geist" müssen schon vor Antritt der Reise mit dem Weg zum heimatlichen Dorf – dem ersehnten Ziel des Ichs – vertraut gemacht werden und lernen, in die gewünschte Richtung zu ziehen. Erst dann kann die Reise schnell und sicher vonstatten gehen.

Wenn aber die „Zugtiere" nichts von den Wegen Wahrheit, Rechtschaffenheit, Frieden und Liebe wissen und sie noch nie gegangen sind, kann es sein, daß der Wagen – das Ich – Schaden erleidet. Treibt man die ungeübten Zugtiere trotz ihrer Unwissenheit zum Vorwärtsgehen an, dann werden sie den Wagen doch immer nur zurück zum vertrauten Pflock ziehen und hinein in den gewohnten Schmutz aus Verwirrung, Ungerechtigkeit, Grausamkeit, Disziplinlosigkeit und Falschheit! Was wird dann aus der Reise? Wird das Ich sein Ziel jemals erreichen?

Es ist also notwendig, Unterscheidungsvermögen und Geist darin zu schulen, den Wagen zu ziehen und sich stetig und geradlinig hin auf das Ziel zu bewegen. Die besten Hilfsmittel dafür sind die Wiederholung des Namens Gottes (*japa*) und die Meditation (*dhyāna*).

ॐ

Menschen verzweifeln und scheitern, weil ihr inneres Instrumentarium so orientierungslos und wankelmütig ist. Die Ursache davon ist ihre Unfähigkeit, zwischen Vergänglichem und Unvergänglichem zu unterscheiden und ihre Gefühle zu kontrollieren und in die rechten Bahnen zu lenken, denn sie sind nicht daran gewöhnt worden, an Gott zu denken und zu meditieren. Um dies zu erreichen, müssen zuerst die vielen einander widerstreitenden Wünsche, die unser Gemüt (*manas*) besetzen und vergiften, zum Schweigen gebracht werden.

Du mußt dir die größte Mühe geben, entschlossen vorwärtszugehen – auf das Ziel zu und um des Zieles willen, das du dir selbst gesetzt hast. Wenn du entschlossen bist, kann keine Macht der Welt dich davon abhalten, den Platz einzunehmen, der dir gebührt.

ॐ

Wenn wir unsere unsteten, in alle Richtungen ausbrechenden Gedanken und Gefühle (*manas*) auf die meditative Betrachtung des Namen Gottes lenken, hat das die gleiche Wirkung, als ob man Sonnenstrahlen mit Hilfe eines Brennglases auf einen Punkt richtete. Die konzentrierten Strahlen entwickeln die Kraft einer Flamme, die brennt und verzehrt.

Das gleiche geschieht auch mit den Energien der Intelligenz (*buddhi*) und der Psyche (*manas*), wenn sie durch die Sammellinse des innewohnenden göttlichen Selbst (*ātman*) auf einen Punkt gerichtet werden. Sie verdichten sich zur Göttlichen Flamme, die alles Unreine verbrennt und wahre Freude aufstrahlen läßt.

ॐ

Konzentration braucht man selbst für die unbedeutendste Aufgabe. Durch Konzentration und zielstrebiges Bemühen kann jeder in seinem Beruf oder Aufgabenbereich erfolgreich sein. Vor unermüdlichem Bemühen muß selbst das hartnäckigste Problem schließlich kapitulieren. Der Mensch verfügt über unbegrenzte Kräfte. Es gibt keinen einzigen, der sie nicht besäße! Aber er verfehlt den rechten Weg, weil er sich seiner Wirklichkeit nicht bewußt ist.

Um seiner innewohnenden Kräfte gewahr zu werden, muß man sich in die Gesellschaft guter, Gott liebender Menschen begeben, sich in spirituellen Übungen (*sādhana*) schulen, den Namen Gottes wiederholen und meditieren. Was nützt es einem, alle möglichen Zutaten im Hause zu haben, wenn man es doch nicht versteht, ein schmackhaftes Mahl daraus zu bereiten? Der Mensch besitzt alle notwendigen Voraussetzungen dafür, sich selbst zu erhalten und auf seinem Weg zum Ziel weiterzukommen, ist aber so leichtfertig, sie unbeachtet und ungenutzt brachliegen zu lassen, nur weil er nicht mit der Methode ihrer Nutzbarmachung vertraut ist.

ॐ

Du mußt dich darum bemühen, die alldurchdringende schöpferische Kraft Gottes (*shakti*), das Eine ohne ein Zweites, zu erkennen und zu verstehen. Sie ist der Urgrund all der vielfältigen Manifestationen von Name und Form Gottes, die uns in dieser Welt umgeben.

Ein unsteter, sprunghafter Geist verhindert diese Erkenntnis. Durch Meditation kannst du ihn darin schulen, in die Konzentration auf das Wesentliche zu kommen.

Durch die Versenkung in die Letzte Wirklichkeit (*paramātman*) zieht sich unser Geist (*manas*) von den Sinnesobjekten und aus der Sinnenwelt zurück. In diesem Moment muß das Unterscheidungsvermögen (*buddhi*) einspringen und ihm mit seiner ganzen Autorität gebieten, nichts anderes mehr festzuhalten als allein die Vorstellung des Unveränderlichen

Urgrunds. Ist diese zugrundeliegende Wirklichkeit erst einmal erkannt, wird unser Geist nicht mehr vom Vergänglichen, Unwirklichen und Unerfreulichen in die Irre geführt. Dann können Freude, Glück und Wahrheit ungehindert in uns Einzug halten, und Kummer und Sorgen treffen uns nicht mehr.

ॐ

Urstoff (*prakriti*) und Lebensenergie (*prāna*) sind „die beiden Unzerstörbaren", wie es in den Upanischaden heißt. So, wie bei ihrer Vereinigung etwas entsteht, dem ein neuer Wert innewohnt, erstrahlt auch das menschliche Leben in einem neuen Glanz, wenn Gemüt und Unterscheidungsvermögen mit Hilfe der Meditation geläutert und transformiert worden sind und man den höchsten Bewußtseinszustand, in welchem es nur Sein, Bewußtsein und Seligkeit (*sat-cit-ānanda*) gibt, erfahren hat.

Den Geschmack einer Frucht kennt man erst dann, wenn man sie aufgegessen hat. Habt ihr das Meditieren erst einmal gekostet, werdet ihr alle Zweifel und Diskussionen darüber fallenlassen und euch ganz hineinvertiefen. Darum sollt ihr schon heute mit dem Meditieren beginnen – jeder einzelne von euch! Nein, nicht heute – schon in diesem Augenblick!

Meditiert mit Freude und Begeisterung, voller Vertrauen, mit größter Sorgfalt und in genauer Befolgung der festgesetzten Regeln. Wenn ihr euch daran haltet, wird euch nicht nur alles erdenkliche Glück und höchster Gewinn zuteil werden, sondern sogar der Anblick Gottes. Zu dieser Erkenntnis kommt man sowohl über das Studium der Schlußfolgerungen aus den offenbarten Heiligen Schriften (*vedānta*) als auch über das Studium der Natur (*prakriti*). Diese beiden Wissenschaften unterscheiden sich nur in einer Hinsicht:

Beim Studium der Natur beschäftigt man sich mit den äußerlichen Manifestationen des Lebens, beim Studium der Heiligen Schriften vertieft man sich in die zugrundeliegende Wahrheit des Lebens.

Der Mensch gehört zu beiden: Als Teil der Natur (*prakriti*) ist er an die Gesetze der sinnlich erfahrbaren Welt (*vishaya*) gebunden; durch seine eigentliche geistige Wesenheit (*svarūpa*) an die spirituelle Wahrheit (*vedānta*). Willst du dein Leben auf beiden Ebenen, sowohl äußerlich wie auch innerlich, in ein Leben göttlicher Leuchtkraft umwandeln, ist die Meditation dafür die beste Schulung (*sādhana*)!

ॐ

Zur Methode der Meditation:
Dein Meditationsplatz sollte ein wenig erhöht sein – etwa drei bis fünf Zentimeter. Lege eine Strohmatte auf den Platz, breite ein Fell darüber und bedecke es mit einem dünnen, weißen Tuch. Setze dich dann im Lotussitz nieder, den rechten Fuß auf dem linken Bein, den linken auf dem rechten. Die Finger liegen geschlossen aneinander, die Hände ruhen vor dem Körper. Halte deine Augen entweder halb oder ganz geschlossen. Dann entspanne dich mittels einer gedanklichen „Massage“: Erst den Kiefer, dann den Nacken, die Schultern, Arme, Hände und Finger, dann die Brust, den Bauch, den Rücken, die Oberschenkel, Knie, Unterschenkel und Füße.

Wenn du entspannt bist, versenke dich in den Namen und die Gestalt der Gottheit, die dir die liebste ist, indem du „OM“ hinzufügst. Dabei dürfen deine Gedanken nicht abschweifen; du mußt in dir ruhen und still sein.

Kein Gedanke an vergangene Ereignisse, keine Spur von Zorn- oder Haßgefühlen und keine schmerzlichen Erinnerungen dürfen sich einschleichen. Und wenn sie sich doch aufdrängen sollten, schenke ihnen einfach keine Beachtung. Um ihnen entgegenwirken zu können, mußt du Gedanken hegen, die dich in deiner Begeisterung für die Meditation bestärken. Natürlich wird dir das schwierig erscheinen, wie jeder Anfang.

Die beste Zeit zum Meditieren sind die stillen Stunden vor der Morgendämmerung zwischen drei und fünf Uhr. Es ist sehr wichtig, immer die gleiche Zeit einzuhalten! Du könntest ja deine Weckuhr auf – sagen wir – vier Uhr stellen. Als erstes mußt du deine Schläfrigkeit überwinden, das ist unbedingt notwendig. Sollte dir dein Schlafbedürfnis zu schaffen machen, kannst du es mit Hilfe einer kalten Abwaschung bekämpfen. Nicht, daß es wichtig wäre, sich zu waschen – es ist nur nötig, wenn einem die Müdigkeit Schwierigkeiten bereitet.

Wenn du auf diese Weise streng den Pfad der Meditation befolgst, kannst du die Gnade Gottes sehr schnell erringen!

ॐ

Für die Menschen, die den spirituellen Weg gehen wollen – wir nennen sie „spirituelle Aspiranten“ oder „Schüler des spirituellen Weges“ (*sādhakas*) – ist es selbstverständlich, sich in der mentalen oder verbalen Wiederholung des Namen Gottes und in der Meditation zu üben. Das ist auf der ganzen Welt das gleiche. Zuerst einmal muß man sich aber darüber klar werden, worin Sinn und Zweck dieser Übungen bestehen. Wer ihren Sinn nicht kennt, beginnt sie vielleicht in dem Glauben, sie bezögen sich auf die gegenständliche Welt und könnten ihm irdische Wünsche erfüllen. So mancher meint, der Wert dieser Übungen liege in einem Gewinn auf der physischen oder materiellen Ebene. Aber das ist ein schwerwiegender Irrtum! Durch Namensrezitation und Meditation lernt man, seine ganze Aufmerksamkeit auf Gott zu lenken, sich aus durch die Sinne bedingten Abhängigkeiten zu lösen und Freude aus der Quelle zu schöpfen, welche der Ursprung aller Dinge ist!

ॐ

Eure Gedanken dürfen nicht wahllos in alle Richtungen schwirren wie eine Fliege. Die Fliege labt sich gern am Zuckerwerk einer Konditorei, läßt sich aber ebenso gern vom Gestank des Abfallhaufens anlocken. Eine menschliche „Fliege“, bei der man solche Neigungen feststellt, muß man lehren, die Süße und Reinheit des ersten von der Unreinheit des zweiten Ortes zu unterscheiden, damit sie nicht dem Abfall den Vorzug gibt. Den Vorgang solcher Belehrung nennen wir „Meditation“.

Seht dagegen die Biene! Sie kommt nur mit Süßem in Berührung. Sie fliegt nur die Blumen an, die Nektar enthalten; andere Dinge reizen sie gar nicht. Wie die Biene müssen auch die Menschen alle Neigungen zum sinnlich Anziehenden, zum Müll des Unwirklichen und Vergänglichen, fallenlassen.

So weit es irgend möglich ist, sollt ihr eure Gedanken heiligen Dingen zuwenden, die euch beglücken und erheben und euch göttliche Freude schenken. Um das zu lernen, bedarf es natürlich einiger Zeit. Wie lange es dauert, hängt davon ab, was ihr denkt, redet und tut, wie aktiv ihr dabei seid und was für eine Motivation jeweils dahintersteht.

Es kommt nicht auf die äußerlichen Leistungen an, die man für den Gottesdienst erbringt, nicht auf die Anzahl von Jahren, die man Gott gedient hat, nicht auf die Regeln und Vorschriften, an die man sich hält, noch darauf, wie oft man täglich betet, sondern in welcher Gesinnung man betet, mit wieviel Geduld man die Wirkung des Gebets abwartet, mit welcher Entschiedenheit man nichts als göttliche Glückseligkeit herbeisehnt; und es ist wichtig, daß man sich nicht durch weltliches Glück ablenken oder durch sein Ausbleiben irremachen läßt, daß man nicht erlahmt, sondern stets mit der ungeteilten Aufmerksamkeit bei sich bleibt – bei seiner Meditation und seiner Aufgabe!

Man kann den eigenen Fortschritt ermessen, indem man sich ehrlich prüft, wie erfolgreich man bislang darin gewesen ist, das Ich-Gefühl, das Ego, abzulegen. Zählst du aber stattdessen die Regeln, die du eingehalten hast, rechnest du auf, wieviel Zeit du mit Namensrezitation und Meditation verbracht hast und wieviel es dich gekostet hat, dann gehört deine Art der Meditation der materiellen Welt an. Sie kann niemals ihre eigentliche, spirituelle Sphäre erreichen!

Namensrezitation und Meditation darf man niemals nach rein äußerlichen Gesichtspunkten bewerten; sie müssen auf ihre innere Wirkung hin beurteilt werden. Das Wesentliche an ihnen ist ihre Beziehung zum göttlichen Selbst im Menschen (*ātman*). Die unvergängliche Erfahrung des Selbst darf man keinesfalls in die Denk- und Verhaltensweisen der vergänglichen Welt hinabziehen, denn wer das tut, zwischen Ungeduld und Trägheit hin- und herschwankt und sich immer wieder besorgt fragt: „Warum ist es noch nicht so weit? Wie kommt es, daß ich Gott immer noch nicht erfahren habe?“, wertet die spirituelle Übung ab, indem er sie zu etwas macht, auf dessen Früchte er es abgesehen hat, von dem sein Ego profitieren möchte.

ॐ

Der alleinige Sinn und Zweck von Namensrezitation und Meditation ist dieser: Das ins Äußerliche Streben soll nach innen gerichtet, der Blick aufs Innere gewendet werden, damit wir mit dem inneren Auge unsere eigentliche Wirklichkeit, nämlich die göttliche Glückseligkeit, erkennen können. Um diese Umkehr des Geistes zu vollbringen ist es wichtig, ohne Unterlaß daran zu arbeiten und immer hoffnungsfroh zu sein – auch wenn es langsam geht und Schwierigkeiten auftreten sollten. Ihr dürft keinen Aufwand, weder Zeit noch Mühe scheuen, und ihr müßt auf die Gnade Gottes warten können! Das geduldige Abwarten ist an sich schon eine Übung in reinigender Askese (*tapas*), die zur Meditation gehört. Die Übung besteht hier darin, unbeirrt zum eigenen Vorsatz zu stehen.

ॐ

Auf dreierlei Arten versuchen Schüler des spirituellen Weges zu meditieren: Beständig und diszipliniert (*sattvika*), übereifrig und erwartungsvoll (*rajasika*) oder träge und berechnend (*tamasika*).

So sieht der beständige und disziplinierte (*sattvika*) Weg aus: Der Aspirant betrachtet Meditation und Namensrezitation als seine Pflicht, um derentwillen er keine Mühe scheut. Er ist davon überzeugt, daß diese Welt nichts anderes als eine „Vorstellung“ ist. Und so tut er jederzeit und unter allen

Umständen immer nur Gutes. Es ist ihm nur daran gelegen, daß es allen gut gehen möge, und ist stets liebevoll eingestellt. Er verbringt seine Zeit in ununterbrochener innerer Hinwendung zu Gott. Den Schüler dieses Weges verlangt es nicht nach den Früchten seiner Meditation und Namensrezitation. Er überläßt alles dem Herrn.

Der Weg des Übereifrigen und Erwartungsvollen (*rajasika*): Der Schüler verbindet mit jedem Schritt den Wunsch nach Ergebnissen. Lassen diese jedoch auf sich warten oder bleiben sie ganz aus, empfindet er Widerwillen. Sein Bemühen wird unregelmäßig, und allmählich schlafen Meditation und Namensrezitation ein.

Der Weg der Trägheit und Berechnung (*tamasika*): Diese Art ist noch schlechter. Man erinnert sich des Herrn nur in Zeiten akuter Gefahr, im Leid oder wenn man Verlust und Schmerz erfährt. In solchen Momenten beten die Betreffenden zu Gott und geloben, bestimmte Zeremonien abzuhalten, besondere Speisen zu opfern oder gar Tempel und Kirchen zu stiften. Sie zählen ihre guten Taten auf, denken an alles, was sie Gott geopfert haben, und daran, wie oft sie sich vor dem Altar verneigt und den Schrein umwandert haben. Und dann beten sie um eine angemessene Belohnung! Gemüt und Intelligenz von Menschen, die eine solche Einstellung haben, können nicht rein sein!

Heute folgen die meisten Menschen in ihren spirituellen Übungen dem zweiten und dritten Weg. Der eigentliche Sinn der Meditation liegt darin, Gemüt und Unterscheidungsvermögen zu läutern. Um das zu erreichen, ist der erste Weg (*sattvika*) der beste. Wenn Gemüt und Intellekt rein geworden sind, leuchten sie in der Erkenntnis des Göttlichen. Der Erleuchtete, in dem die Erkenntnis Gottes erstrahlt, wird *Rishi* genannt.

ॐ

Brahmavid brahmaiva bhāvati: Wer Gott erkannt hat, wird selbst Gott. Das Ziel des Lebens und das, was den eigentlichen Wert des Lebens ausmacht, ist die Erkenntnis Gottes oder – mit anderen Worten – die Erkenntnis des Urgrundes der menschlichen Seele (*jīva*).

Wir wissen alle, daß die äußere Erscheinung eines Menschen das Spiegelbild seiner Stimmung ist. Körperhaltung und Aussehen erlauben uns, Rückschlüsse auf seine Gemütslage zu ziehen.

Körperliche und geistige Verfassung eines Menschen bedingen sich wechselseitig. Es ist zum Beispiel unmöglich, angriffsbereit, mit aufgerollten Hemdsärmeln und zur Faust geballten Händen Liebe und Hingabe auszudrücken. Ebensowenig ist es möglich, mit gebeugtem Knie, halbgeschlossenen Augen und mit zum Gebet erhobenen Händen Zorn, Haß oder Grausamkeit zu signalisieren.

Aus diesem Grund haben die alten Weisen (*rishis*) die Schüler des spirituellen Weges immer wieder auf die Notwendigkeit hingewiesen, während der Namensrezitation und Meditation die angemessene Körperhaltung einzunehmen. Sie wußten, daß es auf diese Weise leichter ist, das Abschweifen des Geistes zu verhindern. Natürlich ist es für diejenigen, die in der Meditation schon erfahren sind, möglich, in jeder beliebigen Körperhaltung zu meditieren. Für den Neuling jedoch sind solche körperlichen Hilfen wichtig. Man muß sich anfangs solcher Disziplin unterwerfen, auch wenn man sie später wieder aufgeben wird, denn schließlich ist sie nur Mittel zu dem Zweck, zum Wahren und Ewigen (*ātman*) vorzustoßen. Bis zu dem Zeitpunkt aber, wo dies verwirklicht ist, bedarf es regelmäßiger geistiger Übung.

Wer noch nicht am Ziel der Meditation angekommen ist,

muß den bewährten Übungsablauf und die Regeln der korrekten Sitzhaltung (*āsana*) einhalten. Hast du das Ziel erreicht, indem du dein Gemüt und deinen Intellekt gebändigt und unter Kontrolle gebracht hast, kannst du meditieren, wo immer du dich gerade befinden magst – im Bett liegend, auf einem Stuhl sitzend, draußen auf einem Felsen oder in einem fahrenden Wagen.

Wenn du erst einmal Motorradfahren gelernt hast, kannst du auf jeder Straße und unter allen Bedingungen fahren. Als Anfänger jedoch mußt du zu deiner eigenen Sicherheit und der der anderen einen freien Platz aufsuchen, auf dem du üben kannst. Dabei mußt du bestimmte Techniken beherrschen, damit du nicht das Gleichgewicht verlierst. Das gleiche gilt für das Erlernen der Meditation. Ein Anfänger muß den Übungsablauf einhalten, daran gibt es nichts zu rütteln. Deshalb kann man auch die unsteten, launenhaften Versuche zu meditieren (*rajasika, tamasika*) nicht als Meditation ansehen. Achte darauf, daß deine spirituellen Übungen vollkommen rein, erwartungs- und selbstlos (*sattvika*) sind!

ॐ

Etwas in Worten zu beschreiben ist schwierig und erzeugt mitunter Langeweile. Es dagegen einfach vorzumachen ist leichter und dazu noch mit Freude verbunden. Die Meditation im gemeinsamen Tun zu vermitteln ist besser, als nur darüber zu sprechen. Dadurch, daß ich darüber schreibe und du es liest, bleibt dir die Mühe nicht erspart. Die Meditation verhilft dem Menschen zu der Erkenntnis, daß das göttliche Selbst (*ātman*) in ihm wohnt. Sie schenkt den Schülern des spirituellen Weges die Fähigkeit, die Hüllen der Unwissenheit Schicht für Schicht abzuwerfen. Sie lösen ihre Sinneswahrnehmungen ab von der konkreten Berührung mit der Welt.

Einzig und allein diejenige Übung, welche diese Vollendung zum Ziel hat, kann man als Meditation bezeichnen. Wer dieses Ziel erreichen will, muß sich tadelloses Verhalten, Disziplin und hohe Ideale zu eigen machen und irdischen Dingen und ihren Verlockungen völlig entsagen. Was ihm auch immer widerfahren mag – er soll es freudig bejahen. Alles, was er tut, sollte einem Ziel gelten – nicht dem, seinen Lebensunterhalt zu bestreiten, sondern dem, zur göttlichen Glückseligkeit (*ātmānanda*) zu gelangen.

ॐ

Zur Meditation gehört eine gute Sitzhaltung. Man darf nicht verspannt sein, denn nur so hat das Bewußtsein die Möglichkeit, frei zu sein vom Druck und der Last des Körpers. Ausgewogene, reine Meditation erfordert viel Disziplin.

Die Schwierigkeiten, die bei dem Versuch auftauchen, die unerwünschten Aktivitäten des Denkens und Fühlens auszuschalten, lösen sich auf, wenn die schon beschriebenen Vorschriften und Regeln genau eingehalten werden. Alles, was zu tun bleibt, ist, sie in die Tat umzusetzen, denn nicht einmal die stärkste Arznei kann heilen, wenn sie dem Patienten nur ans Bett gebracht wird. Er muß sie vorschriftsmäßig, mit aller gebotenen Sorgfalt Schluck für Schluck einnehmen und sie bewußt im Körper wirken lassen. Das heilende Prinzip der Arznei soll den ganzen Körper erfüllen; er muß von ihr regelrecht druchdrungen werden.

Auch Religionen, Einweihungen und Wege des Wissens und der Erlösung haben von sich aus nicht die Macht, menschliche Fehler und Schwächen zu beseitigen. Wer wirklich auf seinem Weg vorankommen will, muß sich von irreführenden und niederen Gefühlen befreien und seinen Erkenntnissen entsprechend *handeln*! Wer das tut, wird auch die Früchte ernten.

ॐ

Das Geheimnis des Erfolges in der Meditation ist die innere Reinheit des Meditierenden. Der Erfolg steht in direktem Zusammenhang mit dem Befolgen des rechten Weges (*sanmarga*). Jedem einzelnen Menschen ist das Recht und die Chance gegeben, dieses hohe Maß an Erfolg zu erreichen! Das sage ich nicht nur leise zu euch. Ich spreche es laut und deutlich genug aus, daß man es auf der ganzen Welt hören kann! Jetzt, wo ihr es wißt, meditiert und schreitet voran! Übt euch in der Versenkung und entfaltet euch! Verwirklicht das Selbst (*ātman*), welches in euch *ist*!

ॐ

Die Menschen empfinden ihr Leben entweder als angenehm oder als unangenehm, je nachdem, was für eine Grundeinstellung sie haben. Alle haben die Erfahrung gemacht, daß dieselbe Sache einmal als gut und ein andermal als schlecht angesehen wird. Etwas, das wir bei einer Gelegenheit voll Freude begrüßen, gefällt uns unter anderen Umständen gar nicht. Für dieses Phänomen ist unsere jeweilige Stimmung verantwortlich. Darum ist es notwendig, sich darin zu üben, immer positiv eingestellt zu sein.

Die Wasser der Flüsse rinnen von den Bergen, fallen in Schluchten und strömen durch Täler. An manchen Stellen vereinigen sie sich mit anderen Zuflüssen. Auf seinem Weg trübt sich das Wasser und wird undurchsichtig. Mit dem Strom des menschlichen Lebens ist es das gleiche. Tempo und Kraft nehmen zu und auch wieder ab. Ein Wechsel zwischen Auf und Ab kann sich jederzeit ereignen. Niemand kann ihm entrinnen. Wechselfälle des Lebens können in der Jugend, im Alter und auch in der Lebensmitte eintreten. Jeder muß fest damit rechnen, daß das Leben ihm notwendigerweise Höhen und Tiefen beschert. Das soll uns aber nicht in Angst und Schrecken versetzen – im Gegenteil: Wir sollen Prüfungen als Erweiterung der Lebenserfahrung betrachten und sie freudig begrüßen! Nicht nur das – man muß froh und dankbar sein für alles, was einem widerfährt! In dieser Haltung lassen sich Schwierigkeiten schnell und leicht überstehen. Auf die innere Einstellung kommt es an!

ॐ

Kein Augenblick vergeht, ohne daß du nicht Impulsen und Reizen ausgesetzt wärest – ob sie nun von außen oder aus dem eigenen Innern kommen. Du kannst unmöglich allen gleichzeitig nachgehen. Deshalb richtest du deine Aufmerksamkeit nur auf die wichtigsten. Das nennt man Konzentration (*avadhāna*). Man muß sich konzentrieren, um eine Sache genau erfassen zu können. Die willentliche Hinführung der Aufmerksamkeit auf einen einzigen Gegenstand und ihre Fixierung dort nennt man Zielgerichtetheit (*ekāgratā*). Es kann auch eine Geisteshaltung daraus werden. Konzentration und Zielgerichtetheit helfen, die Anstrengung selektiv auf eine bestimmte Aufgabe zu lenken.

Bei allem Tun ist Konzentration ein wesentlicher Faktor. Sie ist Vorbedingung für jedes erfolgreiche Bemühen. Man braucht sie nicht nur für die Meditation, sondern für alle Angelegenheiten des täglichen Lebens gleichermaßen. Mit was für einer Arbeit man sich auch immer befassen mag – ist man mit Konzentration dabei, gewinnt man Selbstvertrauen und Selbstachtung. Beide resultieren aus der Art der Ausrichtung des Geistes (*manas*). Der Geist fühlt sich zu beidem gleichermaßen hingezogen – zum Guten ebenso wie zum Schlechten. Es bedarf konzentrierter Aufmerksamkeit, ihn stets auf die guten Impulse auszurichten.

Gelingen oder Mißlingen eines Vorhabens hängen von der Intensität der Zielgerichtetheit ab. Zielgerichtetheit steigert Kraft und Können, aber man kann sie sich nur zu eigen machen, wenn man seines Verlangens nach weltlichen Dingen Herr geworden ist, denn das Verlangen zerstreut den Geist. Die Zielgerichtetheit, das Bezwingen des unruhigen Geistes, erreicht man, wenn man sich in der Meditation übt.

ॐ

Es gibt zwei Arten von Menschen: Die einen, welche sich der Sündhaftigkeit bezichtigen und die anderen, welche sich ihrer Größe brüsten. Beide leiden an geistiger Verirrung! Was sie brauchen, ist innere Erfüllung; durch Meditieren können sie sie bekommen, denn die Meditation weitet das Verständnis und vertieft die Weisheit.

Darum sollst du Interesse und Freude am Meditieren entwickeln, oder besser gesagt: ein Verlangen, das dir keine andere Wahl läßt und nicht duldet, daß dich irgendetwas davon abhält.

Natürlich kann man das Verlangen spüren, Musik anzuhören und sich dann an ihr erfreuen. Ebensogut kann man aber auch das Verlangen haben, den Körper eines toten Angehörigen zu sehen und dadurch traurig werden! Verlangen an sich kann also sowohl angenehme als auch unangenehme Folgen haben. Es muß so stark sein, daß es zum Handeln anspornt. Verlangen ist nichts anderes als ruhendes Bemühen; Bemühen ist tätig gewordenes Verlangen. Ist das Verlangen schwach, nimmt auch das Bemühen ab; ist es stark, nimmt das Bemühen zu.

Die Übung in Meditation führt zu Konzentrationsfähigkeit und damit zu Erfolg bei allen Aufgaben. Mit Hilfe der Meditation ist es großen Persönlichkeiten und erleuchteten Meistern gelungen, die Aktivitäten ihres Geistes unter Kontrolle zu bringen und sie auf den rechten (*sattvika*) Weg zu lenken. Mit Hilfe der Meditation ist es ihnen gelungen, stets in der Kontemplation Gottes zu leben und schließlich eins mit Ihm zu werden.

Zuerst kommt das Verlangen; dann die Wahl des Zieles; dann kommt die Konzentration und – durch beständiges Üben – das Beherrschen von Gedanken und Gefühlen.

ॐ

Es ist unbedingt notwendig, daß die Menschen ihr Verlangen nach materiellen Annehmlichkeiten und ihre Verhaftung an Dinge, die nur die Sinne befriedigen, aufgeben. Sie müssen sich ihre eingebildeten Ängste, ihre unsinnigen Wünsche, ihren Kummer, ihre Sorgen und auch die vergänglichen Genüsse, die sie anstreben, aus dem Kopf schlagen. Das bedeutet, sie müssen lernen, das Vergängliche vom Unvergänglichen zu unterscheiden, und sich darin erziehen, sich nicht von der trügerischen Erscheinung der Dinge verführen zu lassen. Jedem tut solche Selbsterziehung not! Die beklagenswerte Verfassung der Welt hat ihre Ursache in dem Mangel an dieser Art Selbsterziehung. Die Meditation ist *das* Heilmittel gegen diesen Zustand.

Während der Selbstversenkung taucht die Erinnerung an

das Paradies auf, welches das eigentliche Königreich des Menschen ist. Angesichts dieses Paradieses verwerfen wir die vergänglichen Geschöpfe unseres Geistes wie Spuk und Wahnideen.

ॐ

Wenn du regelmäßig und in aller Ruhe meditierst, kann deine Übung ihre Wirkung entfalten und dir Gelassenheit bringen. So wird der Weg zum höchstmöglichen Erleben frei. Ein neues Verstehen dämmert herauf in schweigender Klarheit. Wenn du die höchsten Sphären der Meditation erreicht hast, wird dieses Verstehen so machtvoll, daß es dein Ich-Gefühl zerstört und zu einem Häuflein Asche zerfallen läßt. Alles, was bleibt, ist „Du".

Die gesamte Schöpfung ist eine Vorspiegelung deines Geistes! DAS EINE ALLEIN IST. Alle Vorstellungen von Gott – als letzter Wahrheit (*satya*), Sein-Bewußtsein-Seligkeit (*sat-cit-ānanda*), das höchste Selbst (*paramātman*), Ich-bin-Gott (*shivo-ham*) – gerinnen zu dem EINEN.

Die Sphäre der Wahrheit ist so fein und wohltuend! Bist du erst einmal in sie eingetaucht, gibt es keine Meditation und keinen Meditierenden mehr; alles verschmilzt zu Einem. Dieses erleuchtende Erlebnis erwartet dich ganz gewiß! Was sich im Erleuchteten (*jnānī*) in unbeschreiblicher Freude Bahn bricht, ist die reine Erkenntnis selbst. Er ist sich nur noch der göttlichen Wonne des Selbst (*ātmanubhāva*) bewußt. Das ist das Ziel und die Frucht der Unsterblichkeit.

Wenn einer, der die Vereinigung mit Gott sucht (*yogī*), die Erfahrung der Transzendenz gemacht hat, schließt er seine Meditation ab und bewegt sich, göttliches Licht aussendend, unter den Menschen. In einem solchen Menschen erfüllen sich die Heiligen Schriften. Er wird umgewandelt in ein vollkommenes, reines Wesen. Allein die Meditation kann bewirken, daß ein Mensch die Wandelwelt des Zeitlichen transzendiert und zum Unwandelbaren, Gleichmütigen wird – er selbst ein Schöpfer neben dem Schöpfer.

ॐ

Hat sich ein Mensch, das Ebenbild Gottes (*jīvī*), auf den Weg gemacht, sein Ziel zu erreichen, wird er Frieden empfinden, den Frieden, welcher aus seinem eigenen Inneren strömt; er wird in sich selbst die Quelle aller Seligkeit entdecken. Alles Trachten und Streben, alle Wahnvorstellungen und Irrtümer, alle kreatürlichen Bedürfnisse und Zwänge, die bislang so quälend waren, lösen sich in Nichts auf.

Da das Selbst alles gleichermaßen und unaufhörlich durchdringt, verliert auch die abgesonderte Seele (*jīva*) ihr Ich-Bewußtsein und geht vollständig in ihrem innewohnenden Wesen, der Göttlichkeit, auf. Ein solcher Mensch ist eine wirklich „große Seele“ (*mahātman*); er ist ein in diesem Leben Befreiter (*jīvanmukta*). Fülle ist Seligkeit (*ānanada*), Seligkeit ist Frieden (*shānti*). Jene, die auf dem Weg der Unterscheidung zwischen Ewigem und Zeitlichem (*vicāra marga*) bleiben, gewinnen die Gnade des Herrn und werden ihrer Einheit mit dem Selbst inne, denn sie trachten immer danach, die ewige Wahrheit zu sehen, die sich hinter den traumgleichen Trugbildern dieser Welt verbirgt.

ॐ

Halte deine Wahrnehmungsorgane (*jnānendriya*), die ständig auf der Jagd nach neuen Eindrücken sind, im Zaum; damit beseitigst du die Ursache des Übels. Laß deinen Geist

in die höchste und heiligste Daseinsform, die es im Leben gibt, einzutreten.

ॐ

Derjenige, der die Vereinigung mit dem Selbst durch Meditation sucht, (*dhyānī*) hält die Verwirklichung göttlicher Glückseligkeit für das wichtigste. Aber ebenso wichtig ist es, das Wohlergehen der Welt zu fördern. Um zu diesem Ziel zu kommen, muß der Meditierende bestimmte physische, verbale und mentale Neigungen aufspüren und beherrschen lernen. Man nennt sie die „zehnfachen Sünden" – drei physische, vier verbale und drei mentale.

Die physischen sind diese: Vergehen wider das Leben, ehebrecherische Gelüste und Diebstahl. Die verbalen sind: Lügen, Panik schürendes Reden, verletzende Worte und eifersüchtiges Reden. Die mentalen: Habgier, Neid und das Leugnen Gottes. Wer sich ins Selbst versenken will, muß sich davor hüten, diese zehn Feinde an sich herankommen zu lassen. Er muß sie unbedingt meiden.

Ein Meditierender soll Gewohnheiten kultivieren, die ihm zur Höherentwicklung verhelfen und jene ablegen, die ihn herunterziehen. Er darf nur im Sinne des Guten (*shubha*) sprechen und handeln, denn allein das Gute bringt Segen (*mangala*); und nur das Segensreiche ist Ausdruck des Gütigen und Freundlichen (*shiva*). So steht es auch in den heiligen Schriften (*shāstras*) geschrieben. Das Gute bringt Glück. Das Glückbringende fördert die spirituelle Entwicklung. Wenn ein Mensch mit dem Gütigen (*shiva*) einswerden will, braucht er das Gute (*shubha*) zum Mittel. Durch das Gute kann er Diesseits wie Jenseits meistern und sein eigenes wie auch das Wohlergehen anderer fördern.

Wohlergehen ist Frucht des Wissens; Unglück die des

Unwissens. Allein über das Wohlergehen können sich Friede, Freude und Fortschritt einstellen. Die hauptsächliche Verantwortlichkeit des Menschen und seine eigentliche Aufgabe ist die tätige Sorge um das Wohlergehen aller Wesen. Der von Gott vorgesehene Weg des Menschen ist es, dieser Aufgabe sein Leben zu weihen.

ॐ

Der Intellekt (*buddhi*) ist Zeuge aller Dinge. Wenn aber die Dinge Einfluß auf ihn haben, dann prägen sie ihn und engen ihn ein. So wird aus reinem Intellekt persönliches Bewußtsein (*caitanya*). Unwissenheit oder Täuschung (*māyā*) ist nichts anderes als Intellekt (*buddhi*), welcher durch die Gesamtheit der Eindrücke verzerrt und gefärbt worden ist.

Jenes Bewußtsein (*caitanya*) aber, das vom kosmischen Trugbild (*māyā*) unbeeinflußt bleibt, in dem die Welt keinen Eindruck hinterlassen kann, ist Gott in der Form des allgegenwärtigen, stillen Zeugen aller Dinge (*īshvara*). Wer danach strebt, den Bewußtseinszustand des Allgegenwärtigen zu erreichen, darf sich daher nicht von der Täuschungskraft der Welt beeindrucken lassen!

Wie ist es aber möglich, unbeeinflußt zu bleiben? Durch scharfes, analytisches Nachdenken, logisches Schlußfolgern, furchtloses Forschen und durch reine Vernunft! Wer aber analytische Vernunft entwickeln will, muß sich an der Erfüllung der Aufgabe beteiligen, das Wohlergehen aller Geschöpfe zu fördern!

ॐ

Wir können die Welt (*jagat*) mit einem Bühnenstück

vergleichen, welches sich vor unseren Augen abspielt. Sie entsteht aufgrund der göttlichen Täuschungskraft (*māyā*). Deshalb wird sie leicht als „unwirklich“ abgetan. Du darfst daraus aber nicht den Schluß ziehen, bereits die Erkenntnis des trügerischen Wesens der Welt oder das Bewußtmachen eigener Unzulänglichkeiten sei genug, um dich die letzte Wahrheit erfahren zu lassen! Solange du noch keinen guten Charakter voll wertvoller Eigenschaften besitzt, kannst du im spirituellen Bereich keine Fortschritte machen!

Spiritueller Fortschritt hängt von der Würdigkeit des einzelnen ab wie die Ernte von der Fruchtbarkeit des Feldes. Säe die Saat guter Eigenschaften auf wertvollen Acker, bewässere ihn mit Vernunft und analytischem Denken, und du wirst sehen: Wenn die Zeit reif ist, wird es reiche Ernte geben! Auf den Feldern aber, die nicht mit guten Eigenschaften bepflanzt und auch nicht gepflegt werden, wächst Unkraut, und wo du schöne Gärten hättest anlegen können, wuchern Dornen und bilden ein undurchdringliches Dickicht der Verwirrung.

Selbst wenn einer auf Abwege geraten ist oder aus blindem Stolz noch keine guten Eigenschaften entwickeln mochte, sollte er doch wenigstens einen Versuch machen und sich um sie bemühen! Tut er auch das nicht, kann er nichts von der Schönheit und Herrlichkeit des Lebens kosten; sein Leben ist vergeudet; der Wert seines Lebens ist Null.

Das Denken wird durch den Sog widerstrebender Kräfte in falsche Wertvorstellungen hineingezogen und ist darum außerstande, sich in den rechten Bahnen zu entwickeln. Ein dem Guten abgeneigter Sinn kann unbeschreiblich viel Unheil anrichten. Jeder Fortschritt auf dem spirituellen Weg kann durch eine solche Gesinnung in einem Augenblick der Unachtsamkeit rückgängig gemacht werden, so, als fiele in einer Sekunde der Nachlässigkeit ein Funke ins Pulverfaß!

ॐ

Es gibt Schüler des spirituellen Weges, die sich die größte Mühe geben, merkmals- oder eigenschaftslos zu werden; dabei sind sie aber eher lebenden Toten gleichgeworden. Aus ihren bleichen Gesichtern spricht Mangel an Lebensmut und innerem Beteiligtsein. Das ist eine Folge unvernünftiger Eile in der spirituellen Disziplin. Wenn auch die Eigenschaftslosigkeit letzten Endes erreicht werden soll, so darf man doch nichts überstürzen. An Eifer fehlt es vielen nicht, aber oft genug führt er sie in ausweglose Situationen, die viele schließlich durch Selbstmord zu lösen versuchen!

Als erstes muß man sich einen Schatz an guten Charaktereigenschaften anlegen. So mancher treue Gott Suchende ist vom Weg abgekommen und hat ihn trotz jahrelanger Mühe nicht wiederfinden können, weil er es für überflüssig hielt, sich die Qualifikation eines guten Charakters anzueignen! Andere sind in dem Sumpf, durch den sie wateten, ausgerutscht.

Wie man sieht, lauern auf dem Weg zum Erlangen der „Eigenschaftslosigkeit" viele Gefahren. Niemand kann völlig untätig sein, und so muß man notgedrungen durch „gute" Eigenschaften wirken. Reißt eure Wunschgebäude nieder und macht euch frei! Ein mit guten Eigenschaften erfülltes Gemüt ist dabei sehr hilfreich, denn ein guter Mensch freut sich neidlos am Wohlergehen anderer. Er verletzt niemanden und hält stets nach Gelegenheiten Ausschau, zu heilen, zu helfen und zu stützen. Er duldet nicht nur, sondern verzeiht. Er neigt nicht zu Unwahrhaftigkeit, sondern ist stets darauf bedacht, die Wahrheit zu sagen. Genußsucht, Habgier, Zorn und Eitelkeit kennt er nicht, er ist frei von Täuschung und hat nur das Wohlergehen der ganzen Welt im Sinn. Von einem solchen Menschen geht ein ununterbrochener Strom von Liebe aus.

Wenn der Geist eines solchen Menschen reif geworden ist und Frucht bringt, wird er von selbst frei von allen Eigenschaften – gelassen, ruhig und rein. Leicht verschmilzt er mit dem Selbst (*ātman*), dem Einen ohne ein Zweites.

Obwohl es allein dem Menschen gegeben ist, den inneren Frieden zu genießen, der in einem geläuterten Gemüt entsteht, sind ihm unerschütterliche Freude und Gleichmut, die doch eigentlich sein Geburtsrecht sind, unbekannt. Meditation ist die einzig rettende Insel im Meer des Lebens für alle, die von den Wogen ihrer Wünsche, ihrer Zweifel, ihrer Ängste und Nöte umhergeworfen werden.

ॐ

Die zeitlose, unveränderliche Wirklichkeit muß uns immer gegenwärtig sein – selbst dann, wenn unsere Aufmerksamkeit der Sinnenwelt (*vishaya*) gilt.

Denkt einmal darüber nach, in welch einem Zustand sich die Erde vor Millionen von Jahren befand! Zu jener Zeit war dieser Planet der Schauplatz von nur zwei Kräften: Die eine war kochende Lava; sie brach aus Vulkanen und Erdspalten hervor, welche die Erdoberfläche zerklüftet hatten. Eine Feuerflut der Vernichtung ergoß sich unaufhaltsam von allen Seiten und verbreitete ringsum Furcht und Tod. Das Ende der Welt schien gekommen. Aber es gab auch die andere Kraft: Kaum wahrnehmbare Moleküle belebter Materie: die mikroskopisch kleinen Amöben. Sie trieben im Wasser oder hafteten fest in Felsspalten, so daß der Funke des Lebens sicher und wohlbehütet blieb. Auf welche der beiden Kräfte hättest du gesetzt – auf die lärmende, glühende oder auf die stille, verborgene?

Zu jener Zeit hätte wohl kaum jemand erwarten können, daß die Zukunft der Amöbe, dieser winzigen Zelle des Lebens, gehören würde! Wer hätte voraussehen können, daß die unscheinbaren Lebensfünkchen dem gigantischen Ansturm feuriger Lava und erderschütternder Beben widerstehen würden? Doch diese Körnchen Leben, Träger des Bewußtseins (*caitanya*), überstanden alles. Inmitten von Feuer und Rauch, rasenden Stürmen und verschlingenden Fluten entwickelte sich die Amöbe kraft des in ihr verkörperten Lebensprinzips immer höher, bis hin zu Güte und Edelmut, Kunst und Musik, Gesang und Tanz, Gelehrsamkeit, spirituellem Streben und Märtyrertum, zu Heiligen und selbst zu Inkarnationen Gottes (*avatāra*)! So kann man die Geschichte der Welt zusammenfassen.

In den Wirren umwälzender Geschehen wird es oft deutlich, daß die Menschen lauten und aufsehenerregenden Leuten folgen, die selbst Sklaven ihrer Leidenschaften sind. Das alles aber vergeht, es ist nicht von Dauer.

ॐ

In vollkommenem Frieden, in völliger Ruhe und Ungestörtheit kann ein Mensch im reinen, von aller Täuschung befreiten Bewußtsein (*caitanya*) aufgehen. Das ist die höchste Stufe, die ein Mensch erreichen kann. Der Frieden (*shānti*), den er in diesem Zustand genießt, ist feiner als das Feinste. Mit Hilfe vernunftgelenkter Anstrengung und durch Meditation wird er ihn schließlich erreichen.

Der Höhepunkt des Glückszustandes ist nichts anderes als der Zustand des Göttlichseins, das ersehnte Lebensziel. Aber im allgemeinen streben die Menschen nicht danach; einfach deshalb, weil sie nicht wissen, von welch einzigartiger

Schönheit und Erhabenheit dieser Zustand ist. Die Meditation kann ihnen eine Ahnung der Seligkeit vermitteln.

Darum ist es so wichtig, daß jeder von euch sofort damit beginnt, den Geist zu stabilisieren, damit er das freudvolle Moment göttlicher Seligkeit erfahren kann, denn es ist wahrscheinlich, daß euer wankelmütiger Geist wenige Minuten später den Gedanken verwirft, dasjenige, welches ihm im Moment noch als „hohl" und als „vergebliche Liebesmüh'" erscheinen mag, vielleicht doch einmal zu erreichen. Wenn sich dein Geist erst einmal davon überzeugt hat, daß das Moment des Eingestimmtseins auf das Reine Bewußtsein (*caitanya*) ein Moment erhebendster Machtvollkommenheit ist, wirst du in deinen Bemühungen sicher nicht mehr nachlassen! Der Gott Suchende (*sādhaka*) kann ohne weitere Unterbrechung die Verwirklichung des Selbst (*ātman*) erreichen.

Nimm dir vor, dieses Ideal zu erreichen und fahre fort in deiner Meditation und in der stillen Wiederholung des Namen Gottes. Die Stufe, die unmittelbar auf die Meditation folgt, ist die Erfahrung der Einheit (*samādhi*). Meditation, das Verweilen des Geistes in Namen und Form Gottes, ist der siebente Aspekt im achtgliedrigen Weg zur Vereinigung mit Gott (*yoga*). Weiche nicht vom königlichen Weg ab, der dich zum heiligen Ziel führt! Das gedankliche Verweilen im Selbst ist das wahre Fundament aller spirituellen Übungen (*sādhana*).

ॐ

Fast alle Menschen sind bestrebt, sich auf verschiedenste Weise weiterzubilden. Die wichtigste Bildung ist aber die der spirituellen Erfahrung. Jede Art Höherentwicklung beruht auf einer spirituellen Entwicklung. Spirituelle Bildung ist die Königin aller Bildung.

Ein König erläßt Gesetze, steht aber selbst über ihnen. Alle Regeln und Gesetze, alle Unterscheidungen zwischen Recht und Unrecht, Sünde und Tugend, Freud und Leid betreffen nur die verkörperte Seele (*jīvī*), die auf ihr unerfahrenes Denken (*manas*) und ihren unerleuchteten Intellekt (*buddhi*) baut, nicht aber auf das Selbst (*ātman*). Daher ist es überaus wichtig, die das Ich-Gefühl transzendierende Erfahrung des Selbst anzustreben. Jeder ist dazu imstande, jeder hat sogar ein Anrecht darauf, und es ist auch nicht schwer, denn das Selbst ist die All-Mutter; auf sie zu lauschen ist das gleiche, als wenn ein Sohn auf seine Mutter hört.

Das Selbst (*ātman*) ist gleichbedeutend mit dem „kosmischen Urgrund", der letzten Wirklichkeit (*brahman*); darum soll man das Wissen vom Selbst (*ātma-vidyā*), beziehungsweise das Wissen vom kosmischen Urgrund (*brahma-vidyā*) als Ziel jedes Schülers betrachten. Schüler des spirituellen Weges müssen einige unverzichtbare Eigenschaften aufweisen, erst dann verdienen sie den Status der Schülerschaft. Diese sind: Die Fähigkeit, zwischen Vergänglichem und Unvergänglichem zu unterscheiden (*viveka*), Wunschlosigkeit (*vairāgya*) und die sechs Eigenschaften, die einen guten Charakter ausmachen. Anwärter, die diese drei Eigenschaften besitzen, haben berechtigte Hoffnung, voller Selbstvertrauen und ohne große Schwierigkeiten die wesensmäßige Einheit mit dem Göttlichen zu erreichen.

Das transzendente, universale Selbst (*paramātman*) hat sechs Haupteigenschaften: Höchste Weisheit (*jnāna*), vollkommene Wunschlosigkeit (*vairāgya*), vollkommene Schönheit, absolute Machtvollkommenheit, unbefleckten, makellosen Ruhm und nieversiegendes Glück. Sein Wesen ist die ganze Fülle des Seins (*sat*), unbegrenztes Wissen (*cit*) und höchste Seligkeit (*ānanda*). Durch das immanente, in ihm wohnende Selbst (*ātman*) hat auch der Mensch teil an Seinem Wesen. Alle Menschen haben ein Recht darauf, diese Eigenschaften und die Gottesnatur zu verwirklichen und zu genießen. Darin besteht die dem Menschen aufgetragene Pflicht. Die verheerende Lage der Welt rührt daher, daß der Mensch diese seine ureigenste Aufgabe nicht wahrnimmt.

ॐ

Das alltägliche Verhalten des Durchschnittsmenschen steht meist im krassen Widerspruch zu den Geboten, die für das Familienleben (*grihastha*) gelten. Er hält sich nicht an die Lebensregeln, die ihm in den Heiligen Schriften gegeben wurden. Es ist auch nicht eine Spur von Wahrhaftigkeit in ihm, obwohl doch die Wahrheit die höchste Tugend ist. Da die Menschen auf einer so niedrigen Bewußtseinsebene leben, verlieren sie schon beim geringsten Mißgeschick den Mut und geben das Abenteuer des Lebens auf. Sie verfallen in eine Art Pseudo-Entsagung. Wenn sie ihr Familienleben doch nur im Geiste der Pflichterfüllung führen würden! Dann hätten sie es nicht nötig, davonzulaufen und sich in Höhlen und Wälder zu flüchten! Jeder kann im Rahmen seiner ihm aufgetragenen Pflicht und in seiner ihm gemäßen Lebensform Gott verwirklichen!

Meditation über Gott muß Hand in Hand gehen mit einem rechtschaffenen Lebenswandel. Die ethische Urordnung (*dharma*) fragt nicht nach Stand, Bildung oder Prestige. Diese Dinge haben die Eigenschaft, den Menschen fehlzuleiten. Nur ein rechtschaffenes Leben bietet die Voraussetzung dafür, Gemüt und Intellekt zu beherrschen, wahres, ewiges Wissen zu kultivieren und den eigenen mit dem göttlichen Willen in Einklang zu bringen.

Ein guter Charakter ist eine wesentliche Voraussetzung zur Verwirklichung Gottes. Das bedeutet, daß alle schlechten Angewohnheiten ausgemerzt werden müssen. Ebenso, wie eine Armee den Mut sinken läßt und die Waffen streckt, wenn ihr Befehlshaber gefallen ist, ergibt sich auch das Heer schlechter Eigenschaften, sobald ihr Anführer, das Ego (*ahamkāra*), vernichtet ist.

Alle schlechten Eigenschaften haben ihren Ursprung im Reich des Zorns. Wenn dieses Reich zerstört ist, können sich seine Streiter nicht mehr erheben. Es genügt also, diesen einen Komplex zu beseitigen, denn was vermag der Kommandeur „Ego“ ohne einen Soldaten, der für ihn marschiert? Alles Bemühen muß also dahingehen, die Einflußmöglichkeiten des Zorns zu zerstören, damit es keinem Befehlshaber gelingen kann, seine Kriegsmeute loszulassen. Möge sich jeder Gott Suchende den Frieden seines Gemüts bewahren, indem er den Kriegern und ihrem Anführer keine Gelegenheit gibt, sich zu erheben! Möge sich jeder stets im Lächeln des Herrschers sonnen, welcher sein innewohnendes Selbst (*ātman*) ist!

ॐ

Die Voraussetzung dafür, daß dieser Herrscher sich dir zuneigt, ist dein Sieg über die Unbeständigkeit und Erregbarkeit deines Gemüts. Sein Thronsaal hat acht Tore, durch welche du hindurchgehen mußt, um von Ihm empfangen zu werden: Läuterung und Disziplinierung der Körperfunktionen (*yama*); Läuterung der Wahrnehmungssinne (*niyama*); korrekter Sitz (*āsana*); die Regulierung des Atems (*prānāyāma*), Abziehen der Sinne von der äußeren Welt (*pratyāhāra*); zielgerichtete Konzentration (*dhārana*); ständiges Verweilen des Geistes in Name und Form Gottes (*dhyāna*) und schließlich die Erfahrung der Einheit (*samādhi*).

Wenn du dein Gemüt durch diese acht Disziplinen unter Kontrolle gebracht hast, kannst du auch leicht deinen Willen entwickeln. Wille ist das Wesen Gottes. Man nennt ihn auch „göttlichen Ratschluß". Gott kann durch Sein reines Wollen spontan und mühelos alles vollbringen. Der Mensch dagegen ist nicht imstande, seinen Willen in dem Moment, wo er ihn gefaßt hat, in die Tat umzusetzen. Der entscheidende Faktor ist die Stärke des Willens. Menschlicher Wille ist nicht sehr mächtig; eignet sich jemand aber große Willenskraft an, dann besitzt er damit etwas, was der Allmacht Gottes gleichkommt. Das ist die Bedeutung von „Verschmelzung des Endlichen mit dem Unendlichen" (*laya*). Dieses Verschmelzen wird möglich durch Meditieren. Von den oben erwähnten acht Toren ist die Meditation (*dhyāna*) das siebente, die Erfahrung der Einheit (*samādhi*) das achte. Meditation ist der königliche Weg zur Erfahrung der Einheit mit Gott (*samādhi*).

ॐ

Manche benutzen die Worte „Wille“ und „Wunsch“, als ob es zwischen beiden keinen Unterschied gäbe. Das ist verkehrt. Wünschen ist verwandt mit den Denk- und Verhaltensmustern (*vāsanā*), die im Gemüt (*manas*) verborgen sind. Der Wille dagegen ist verwandt mit dem Wesen des göttlichen Selbst. „Wünschen“ bedeutet das Verlangen, etwas zu bekommen. „Wollen“ ist die Entschlossenheit, es zu bekommen. Beide sind eng verbunden mit dem Charakter des einzelnen. Wenn das Bewußtsein vom Selbst entwickelt ist, können Wünschen und Wollen entsprechend geläutert und verfeinert werden. Geschieht die Ausbildung von Wunsch und Wille aber ohne die Einbeziehung des Selbst, dann stehlen sich alle Schwächen und Trugschlüsse des Gemüts in das Gewollte und Gewünschte ein.

ॐ

Von den oberen Stufen einer Treppe kannst du die unteren überblicken, nicht aber von den unteren die oberen. Darum mußt du dich bemühen, die verschiedenen Stufen in folgender Reihenfolge zu meistern: Von der Bewußtmachung des Selbst zur Schulung des Willens und tiefer zur Kultivierung des sittlichen Verhaltens. Auf diese Weise wird sich das Erleben der Glückseligkeit ganz natürlich und wie von selbst einstellen.

Wenn ein kleines Kind laufen lernt, ermuntert seine Mutter es, läßt es aber seine ersten Schritte innerhalb des Hauses tun. Erst wenn es sicher geworden ist, erlaubt sie ihm, sich auf die Straße hinauszuwagen. Wie sollte es laufen lernen, wenn sie es gleich auf die Straße hinausließe, ohne ihre Gefahren zu berücksichtigen? Es gilt also, zunächst einmal die inneren Voraussetzungen zu schaffen, dann hat man es mit den nach außen gehenden Eigenschaften, wie zum Beispiel dem sittlichen Verhalten, nicht schwer. Sittlichkeit, die nicht in der inneren Kultur eines Menschen verankert ist, ist sicher nicht stabil. Dein erstes Ziel muß es also sein, in dir das Bewußtsein des innewohnenden Selbst zu kultivieren.

ॐ

Das Ziel der spirituellen Übung ist es, jegliche Absicht und jeglichen Wunsch, jede Ambition (*vāsanā*) und das Verlangen nach den Früchten des Bemühens fallenzulassen. In diesem Wissen darf der Gott Suchende keinem Gefühl der Niedergeschlagenheit, der Verzagtheit, des Zweifels oder der Angst vor Versagen nachgeben. Er muß geduldig und standhaft sein und darüberhinaus Begeisterung, Glaube, Aktivität und Freude entwickeln. Mit dem großen, herrlichen Ziel seiner Anstrengungen vor Augen wird er tapfer alle Anfechtungen bestehen. Da diese überdies nur kurzlebig und schwach sind, kann er sie mit ein wenig Geduld leicht überwinden. Mangelt es dem Gott Suchenden aber an Geduld und Wachsamkeit, läuft er Gefahr, in einem Moment der Unachtsamkeit seinen gesamten bisherigen Erfolg einzubüßen.

ॐ

Spirituelle Aspiranten (*sādhakas*), Menschen, die nach der Einheit mit Gott streben (*yogīs*) und jene, die der Welt ganz entsagt haben (*samnyāsīs*), müssen nach der Yoga-

Lehre eine Leiter erklimmen, deren Stufen diese sind: Argumentieren (*savitarka*), nicht argumentieren (*nirvitarka*); analysieren (*savicāra*), nicht analysieren (*nirvicāra*); zustimmen (*sammata*) und nicht zustimmen. Kenntnisse über die Welt zu haben ist kein wirkliches, sondern relatives Wissen, nämlich Wissen über das scheinbar Wirkliche. Die Kenntnis des Ewigen, Absoluten ist wahres Wissen. Solches erwirbt man sich, indem man meditiert.

Im Feuer von Meditation und Yoga fallen die substanzlosen Tätigkeiten des weltverhafteten Geistes (*manas*) zu einem Häufchen Asche zusammen. Aber unmittelbar darauf leuchtet das Wissen um die Wirklichkeit (*jnāna*) wie ein Blitzstrahl auf. Seine Leuchtkraft bleibt ungetrübt und verlöscht nie mehr. Für die Menschen, die fest im wahren Wissen leben, gibt es weder Vergangenheit noch Zukunft, denn alle Zeiten sind für sie Gegenwart im tatsächlichen Moment des Erlebens.

ॐ

Zur Reinigung des Körpers benutzt man Wasser und Seife. Zur Reinigung der Psyche (*manas*) benutzt man die Rezitation des Namens Gottes (*japa*), Meditation (*dhyāna*), Visualisieren einer Form Gottes (*smarana*) und andere spirituelle Übungen. So wie Speise und Trank notwendig sind, um den physischen Leib bei Kräften zu halten, bedarf es der Kontemplation Gottes und der Meditation, um den geistigen Leib zu stärken. Ohne diese Nahrung schwankt er kraftlos umher.

Wenn Wellen die Wasseroberfläche kräuseln, kann man nicht auf den Grund sehen. Wenn die Wellen deiner Wünsche den Geist in Unruhe versetzen, wie willst du dann das göttliche Selbst sehen, welches sein Urgrund ist? Die Sprunghaftigkeit des Geistes verursacht die Wellen. Die Ursache dafür ist sein Hunger nach der richtigen Speise. Darum sollst du ihn speisen mit der Kontemplation Gottes und ihn reinigen mit der Meditation. Allein die Meditation und andere spirituelle Übungen (*sādhana*) können die Tiefen deines Gemüts säubern und stärken. Fehlt es dir aber an Reinheit und Kraft, geht das göttliche Selbst in Distanz – und der Friede weicht zurück in immer größere Ferne. Unfriede (*ashānti*) wird dir zum ständigen Begleiter.

ॐ

Alles Sichtbare ist vergänglich – das lehrt uns die Meditation.

Wenn einige sich in einer fremden Gegend verlaufen haben und kopflos umherirren, und wenn dann jemand kommt, um ihnen den Weg zu weisen, tun sie ihm großes Unrecht, wenn sie ihn auslachen und ihn in seiner Ehre kränken! Eine solche Einstellung führt unweigerlich ins Chaos und zum Zusammenbruch der menschlichen Gemeinschaft. Heute haben es sich die Menschen zur Gewohnheit gemacht, die „Milch" der göttlichen Liebe, welche sich in Inkarnationen des Göttlichen manifestiert, solange zu schlagen, bis aus ihr „Gift" wird – in völliger Unkenntnis der Bedeutung ihrer spirituellen Führer, die es auf sich genommen haben, ihnen zur Hilfe zu kommen.

Liebe und Vernichtung haben denselben Ursprung. Das solltet ihr euch bewußt machen. Der gleiche mythische Ozean, welcher Edelsteine, den Mond, Nektar der Unsterblichkeit und die Göttin des Glücks (*lakshmī*) gebar, brachte auch das weltenzerstörende Gift (*hālāhala*) hervor. Der Mensch muß – wie *Nārāyana* in der mythischen Erzählung – das Gute und Segenbringende wollen, damit er in den Genuß von Unsterblichkeit und Glück kommt. Nur die Kühnen und Heldenhaften, wie *Shiva*, können auch Gift als Lohn verkraften. Das Meer des Lebens (*samsāra*) kann mit all seinen wilden Freuden- und Leidenswellen nur von denen überquert werden, die ein unstillbares Verlangen nach der unsterblichen Freude haben. Die anderen versinken darin.

ॐ

Die Fähigkeit, sich von den Eigenschaften (*gunas*) der materiellen Welt (*prakriti*) freizumachen, ist niemandem angeboren. Sie kommt als Gnadenerweis des Herrn. Und diese Gnade muß man sich durch Namensrezitation und Meditation erwerben. Etwas mußt du klar sehen: Nicht jedem ist es möglich, die Kräfte der Natur (*prakriti*) in seine Gewalt zu bekommen. Nur diejenigen, welche Prakriti beherrschen und deren Befehl sie gehorcht, haben die Macht dazu.

Aus *Prakriti* wird alles geboren, was das Universum enthält. Sie ist der Urgrund der Schöpfung und des Seins. All dies ist Prakriti: Männer und Frauen, Tiere und Vögel, Bäume und Blumen; in der Tat – alles Sichtbare ist unlösbar verbunden mit dem Schöpfungsprinzip, Prakriti. Das aktivierende, bewußte Element in dieser unendlichen Prakriti ist *Purusha*, der Herr. Diese Wahrheit mußt du einmal erfahren, damit du sie nicht mehr aus dem Bewußtsein verlierst. Die geistigen Übungen, die dir zu dieser Erfahrung verhelfen, sind wiederum Namensrezitation und Meditation.

Die Welt der Materie (*prakriti*) gleicht einem gewaltigen Ozean: Schon bei leichtem Wellengang werden Millionen von Lebewesen zerstört. Gerät die See nur ein wenig in Wallung, zerbrechen Schiffe wie Strohhalme. Auf keinen Fall kannst du diesen Ozean allein und aus eigener Kraft überqueren. Ohne die Gnade des Herrn geht es nicht. Bitte also um dieses Rettungsfloß; wenn du es erklommen hast, wirst du das andere Ufer im Nu erreichen!

ॐ

Alles auf dieser Welt vergeht. Was heute ist, ist morgen vielleicht schon nicht mehr. Wenn du dein Herz verschenken möchtest, schenke es dem Herrn, denn Er allein ist ewig. Hängst du es aber an Nachkommenschaft, Besitztümer und die Dinge, die dir das Leben verschönern, wird es dir wehtun, alles zurücklassen zu müssen, wenn die Zeit für dich gekommen ist, zu gehen. Dann wirst du klagen: „Habe ich so sehr geliebt, nur um jetzt so sehr zu weinen?" In diesem endlichen Leben gehen zwangsläufig auch Freuden und Leiden vorüber.

Tatsächlich bedeutet es eine Erniedrigung des Menschen, wenn er sich in die Jagd nach vergänglichen Dingen verstrickt und dabei das Höchste und Ewige vergißt. Es ist töricht, den Herrn (*mādhava*), der einzig frei ist von aller Täuschung (*māyā*), außer acht zu lassen und seine Zeit mit Dingen zu verbringen, welche illusorisch (*māyā*) sind. Das bringt nur Kummer. Hier gibt es nichts, dem es zustehen würde, als Ewiges vergöttert zu werden. Wen oder was auch immer du lieben magst – jede irdische Liebe wird einmal ein Ende haben.

ॐ

Es ist der gleiche Herr, der gibt und nimmt. Er gibt und nimmt, wie und wann Er wünscht. Ihm gehört alles. Klage nicht, wenn Er dir Dinge, die doch Ihm gehören, fortnimmt!

Der Weise sehnt sich nach niemandem und bindet sich nicht an Dinge. Richte all dein Sehnen und deine ganze Herzensbindung auf Gott, denn Er allein ist ewig. Er ist die Quelle aller Freude. Für alles andere gilt: Liebe ein Ding, wie es einem Ding zukommt, nicht mehr. Liebe Menschen als Menschen, nicht mehr. Wenn du dich fester an sie bindest, beweist du damit nur, daß du ihre wahre Beschaffenheit nicht verstanden hast. Nur für kurze Zeit kannst du vorgeben, das Haus, in welchem du zur Miete wohnst, gehöre dir; sobald dein Mietvertrag abgelaufen ist, übernimmt es ein anderer.

Wenn du über diese Zeilen nachdenkst, wird dir klar werden, daß Mann, Frau, Kinder, Besitz und Verwandte dir nicht für immer angehören. Du hast sie nur für kurze Zeit. Weshalb also das Leben damit vergeuden, sich vergänglichen Dingen hinzugeben? Auch ein Millionär kann nur soviel essen, wie sein Magen faßt, nicht mehr. Ein Mensch sollte sein Verweilen auf dieser Erde so verstehen, als sei er ein Reisender, der bei Anbruch der Nacht in einer Herberge absteigt. Sobald der Morgen graut, zieht er weiter! Er geht auf sein Ziel zu, von Herberge zu Herberge, macht eine Etappe nach der anderen. Es ist gut, das Leben unter diesem Aspekt zu sehen.

ॐ

Tausendfüßler müssen am Boden krabbeln; aber der Mensch bewegt sich aufrecht und frei, weil er nur zwei Füße hat. Je größer die Anzahl der Füße, desto stärker auch die Bindung und desto straffer die Leinen. Stell dir vor, jemand heiratet: Damit hat er schon vier Füße, er ist zum Vierfüßler geworden. Später dann, wenn Söhne, Töchter, Schwieger- und Enkelkinder dazugekommen sind, ist er regelrecht zum Tausendfüßler geworden, der sich nur noch krabbelnd fortbewegen kann. Er kann nicht aufrecht stehen, hat seine Bewegungsfreiheit eingebüßt und müht sich langsam durch den schweren Boden der materiellen Bedingungen. Ihm bleibt weder Zeit noch Antrieb, sich um die Gnade des Herrn zu kümmern.

ॐ

Weltliche Bindungen sind kurzlebig. Alle sind schon viele Male geboren worden und haben ihr Leben gelebt, indem sie liebten, Beziehungen eingingen und sich aneinander banden. Aber weiß auch noch einer, wo das Vergangene geblieben ist? Sorgst du dich noch um einen einzigen jener Menschen, die du in früheren Leben geliebt hast? Erinnerst du dich vielleicht manchmal an sie? Nein! Dennoch bestand auch damals die gleiche Art von Liebe und Bindung. Aber die Zeiten sind darüber hinweggegangen, und alles geriet ins Vergessen. So werden auch die Liebe, die du im jetzigen Leben für andere empfindest, die Freuden, die Schmerzen und auch das Glück, die deine Liebe mit sich bringt, vergessen sein, wenn du diese Welt verlassen hast.

Wie die Orte wechseln, an denen die Kinder spielen, so wechseln auch die Schauplätze der Inkarnationen eines Menschen. Ist es nicht traurig, daß die Menschen es ganz vergessen haben, sich in den Dingen zu üben, die ihnen dauerhaftes Glück schenken? Stattdessen richtet sich ihr Sinnen und Trachten darauf, die ungewisse, ständig wechselnde, zeitliche Liebe festzuhalten.

ॐ

Überall auf der Welt stürzen sich die Menschen vierundzwanzig Stunden am Tag in Sorgen. Ist es erlaubt, ihre Last noch zu erschweren? Wer könnte so grausam sein, einen Sterbenden zu quälen, anstatt sein Leid zu lindern? Wie könnten wir es wagen, zusätzlich einen Orkan über das Meer zu schicken, wenn es schon tobt? Lernt die Kunst, Verzweifelte zum Lächeln zu bringen! Lächelt und macht andere froh! Wozu eine traurige Welt noch trauriger machen durch Ratlosigkeit, durch Jammern und Leiden? Fangt an und übt euch darin, den Namen Gottes zu rezitieren und zu meditieren, damit ihr euch von eurem eigenen Kummer befreit! Erhebt euch über eure Sorgen und taucht ein in die erquikkenden Fluten der Gnade Gottes!

ॐ

Was nützt es den Pilgern in der Herberge, sich des Nachts aus nichtigem Anlaß zu streiten, anstatt sich darauf vorzubereiten, am anderen Morgen aufzubrechen und ihre Reise fortzusetzen? Streiten beraubt sie des Schlafs und ihrer Ruhe; es bleibt ihnen keine Kraft, ihre Wanderschaft fortzusetzen. Sorgt euch nicht so sehr um die Angelegenheiten dieser Welt! Sorge führt zu sinnloser Hast und zur Verschwendung kostbarer Zeit, die man besser dafür nutzen sollte, über Gott zu meditieren!

ॐ

Alle sind Schauspieler auf der Bühne, genannt „Welt“. Wenn der Vorhang fällt oder ihre Rolle beendet ist, treten sie ab. Auf dieser Bühne spielt einer den Dieb, ein anderer den König; ein dritter hat die Rolle des Clowns bekommen und wieder ein anderer die des Bettlers. Alle Darsteller erhalten ihr Stichwort vom selben Einen!

Über etwas muß man sich im Klaren sein: Der Souffleur kommt nicht etwa auf die Bühne, um das Stichwort vor aller Augen zu geben! Wenn er das täte, wäre das Drama halb so spannend. Deshalb steht er hinter einem Wandschirm im Bühnenhintergrund und gibt allen Schauspielern, ungeachtet der Art ihrer Rolle, das Stichwort; sei es im Dialog, bei einer Rede oder einem Lied – eben immer dann, wenn einer dringend der Hilfe bedarf.

In vergleichbarer Weise steht Gott, vom Schleier Seiner Zauberkraft (*māyā*) verborgen, auf der Bühne der Schöpfung (*prakriti*) und gibt allen Schauspielern ihr Stichwort. Jeder Schauspieler ist gehalten, sich die Anwesenheit des Herrn hinter dem „*Māyā*"-Schirm zu vergegenwärtigen. Er muß eifrig darauf bedacht sein, daß ihm auch nicht der kleinste Hinweis, den ihm der Herr geben mag, entgeht, und so beobachtet er Ihn aus den Augenwinkeln und spitzt seine Ohren, um Seine Stimme zu hören!

Wenn jemand aber den Aufbau des Stückes und den Ablauf der Handlung (das heißt, die Aufgabe, um derentwillen er gekommen ist, und die Pflichten, die damit verbunden sind) vergißt, wenn er es versäumt, sich die Gegenwart des Herrn hinter dem Schirm bewußt zu machen und einfach nur stumm dasteht, dann lacht das Publikum ihn aus und beschuldigt ihn, die Aufführung verdorben zu haben.

Aus diesem Grunde muß jeder Schauspieler, der auf der Weltenbühne die Rolle eines Menschen zu spielen hat, zunächst einmal seinen Text gut lernen und dann, im Bewußtsein der Anwesenheit Gottes hinter dem Schirm, auf Seine Anweisungen warten. Er muß seine Aufmerksamkeit auf beides richten: Auf die Zeilen, die er gelernt hat und auf die Regieanweisungen, die vom Spielleiter kommen könnten. Nur durch Meditation erreicht man solche Konzentrationsfähigkeit und solchen Bewußtheitsgrad.

ॐ

In welch einem Netz der Verwirrung sich ein Mensch auch immer verfangen haben mag – sobald er sich in den Namen Gottes versenkt, kommt er frei. Überdies kann er sicher sein, daß er schließlich mit dem Namen und der Form, mit deren Hilfe er sich Gott vergegenwärtigt, eins wird. Daran ist nicht zu zweifeln. Andere spirituelle Übungen dagegen – zum Beispiel die Atemkontrolle (*prānāyāma*) und die strenge Askese (*tapas*) – stecken voller Gefahren; jeder Schritt in diesen Übungen ist von Fallen umstellt.

Bei der Namensrezitation (*japa*), der Meditation (*dhyāna*) und dem Visualisieren einer Form Gottes (*smarana*) dagegen kann man nicht straucheln; sie sind völlig gefahrlos. In den anderen geistigen Übungen kann man je nach Kaste oder Religionszugehörigkeit unterschiedlicher Auffassung sein. In der Namensrezitation hingegen gibt es keine grundlegende Verschiedenheit. Hindus, Mohammedaner und Christen mögen sich in mancher Hinsicht unterscheiden – im Lobpreis Gottes sind sie sich einig. Alle rufen den Einen Gott bei Seinem Namen an, wenn auch in verschiedenen Sprachen. Jeder sagt oder denkt den Namen Gottes so, wie Er in seiner Sprache heißt. Jeder läßt den Rosenkranz durch seine Finger gleiten, wie es seine Religion empfiehlt. Für alle aber gilt, daß keine anderen spirituellen Übungen so wirksam, so allumfassend und so heilig sind wie diese: Namensrezitation, Meditation und das Visualisieren der göttlichen Gestalt.

ॐ

Der Herr und Sein Name sind eins, aber selten findet

man die ganze Süße des Namens in der konkreten Gestalt. Beim Stichwort „Rose" tauchen ihr Duft, die zarten Blütenblätter und ihre bezaubernde Farbe in der Erinnerung auf. An die Dornen und die Mühe des Pflückens denkt niemand. Stellt man aber Überlegungen an über den Ursprung und die Entstehungsgeschichte der Pflanze, beschreibt man ihre Blätter und Stiele, dann vergißt man darüber die Blüte, die doch das Schönste und Bezeichnendste an ihr ist, und diskutiert nur noch nüchtern „die Pflanze".

Ein anderes Beispiel: Sobald das Wort „Mango" fällt, erinnert man sich eines einzigartigen, aromatischen Geschmacks. Hältst du dagegen wirklich eine Mangofrucht in der Hand, regen sich gleich Bedenken, ob sie wohl süß oder sauer ist. Wir prüfen die Schale, fühlen die Fasern, schmekken den Saft und stoßen schließlich auf den harten Kern. Spricht man aber nur den Namen aus, kommen einem diese Dinge nicht in den Sinn. Man denkt nur an den köstlichen Geschmack. Das ist der Unterschied zwischen dem Namen des Herrn und dem Herrn selbst!

Der Name enthält die reine, süße Essenz. Was die Gestalt betrifft, so ist es durchaus möglich, daß du bei ihrem Anblick etwas empfindest, was einer Mischung aus Erschrekken und Verehrung gleicht. Manchmal erweist sich Seine Gestalt auch als furchterregend!

ॐ

Noch ein weiterer Grund, weshalb man eher nach dem Namen des Herrn trachten sollte als nach Seiner Form, ist dieser: Der Name Gottes ist sozusagen das „Zahlungsmittel", mit dem man sich den Gegenstand „Gestalt (*rūpa*) des Herrn" erwirbt. Zum Erwerb jedes beliebigen Gegenstandes muß man bemittelt sein. Mit Mitteln erwirbt man Dinge.

Daraus folgt, daß die Mittel Vorrang haben vor den Dingen, die man mit ihrer Hilfe erwerben kann, nicht wahr? Kraft der vorhandenen Mittel kann man jederzeit jeden gewünschten Gegenstand bekommen. Auf die gleiche Art kann man Gott auf dem Wege der Meditation leicht und problemlos verwirklichen, wenn man sich einen Reichtum an Namenswiederholungen zugelegt hat.

Die verschiedenen Yoga-Wege und asketischen Übungen können einem okkulte Kräfte (*siddhis*) einbringen, aber es ist sehr wahrscheinlich, daß man Gott über diesen Kräften vergißt. Es kann sogar vorkommen, daß jemand, der „Psi"-Kräfte besitzt, von seinem Stolz so geblendet wird, daß er selbst das spirituelle Fundament, welches er sich durch seine Übungen geschaffen hat, verliert. Das kann bei Namensrezitation, Meditation und Visualisieren nicht geschehen! Auf diesen Pfaden lauern keine solchen Gefahren. Wer diese Wege beschreitet, erlebt ein ständiges Anwachsen der reinen, uneigennützigen Liebe (*prema*). Liebe zu allen Wesen bringt Frieden (*shānti*). Hast du erst einmal Seelenfrieden erlangt, kommt alles andere von selbst.

Durch Yoga und Askese bekommt man außerordentliche Macht; durch Namensrezitation, Meditation und Visualisieren außerordentliche Liebe – darin liegt der Unterschied.

ॐ

Du solltest es jedoch vermeiden, deinen spirituellen Weg mit anderen zu diskutieren, denn jedem erscheint der eigene als der beste. Wenn du jemand, der einen anderen Weg geht als du, nach seiner Ansicht über Namensrezitation und Meditation fragst, wird er diese Praktiken gewiß als minderwertig bezeichnen und wenig respektvoll darüber reden. Er wird von oben herab sagen, es seien sehr primitive Methoden und du seist wohl noch ein Anfänger. Am Ende wirst du an der Richtigkeit deines Weges zweifeln! Was dir vorher Freude bereitete, verursacht dir nun Kopfweh, und Widerwille tritt an die Stelle von Liebe und Begeisterung. Wäge es daher nur in deinem eigenen Innern ab, welchen Weg du gehen willst. Du kannst auch die Menschen befragen, welche den Nektar des Namens gekostet haben, und sie bitten, dir von ihren persönlichen Erfahrungen zu erzählen.

Streite nicht mit jedem, der dir über den Weg läuft, über diese Dinge! Die Zeit, die du auf solche Gelegenheitsdebatten verwendest, solltest du lieber dafür nutzen, deine innere Freude voll zur Entfaltung zu bringen, indem du dir immer wieder den Namen Gottes in Erinnerung rufst und über Seine Form meditierst!

Das bloße kritische Abwägen der Frage, welcher Weg wohl der bessere sei, endet nur darin, daß du verunsichert wirst und dadurch alle bisherigen Bemühungen zunichte machst. Solange bis du vollkommen sicher bist, sollst du den Namen Gottes ständig in deinem Gedächtnis behalten und ihn beharrlich und unbeirrt wiederholen. Bleibe dabei für dich oder suche die Gemeinschaft anderer Gott Liebender (*bhāktas*), dann kann dich nichts ins Wanken bringen.

Schau dir den Fisch an! Er hütet seine frischgeschlüpfte Brut an einer seichten, geschützten Stelle. Ist sie ein wenig herangewachsen, drängt er sie hinaus in die offene See, welche mit all ihren gefräßigen Bewohnern eine rauhe und erbarmungslose Welt darstellt. Die Fischlein sind jetzt aber schon so weit, dort überleben und ungefährdet wachsen zu können. Wären sie in der offenen See geschlüpft, dann wären sie mit Sicherheit selbst von den kleinsten der anderen Fische aufgefressen worden! Und so mußt auch du Namensrezitation, Meditation und das Visualisieren Gottes mit großer Sorgfalt, nach festgelegtem Plan und ohne Diskussionen einüben!

Heutzutage verwerfen viele, die den spirituellen Weg gehen wollen, die Namensrezitation und beginnen mit Yoga und Atemkontrolle (*prāṇāyāma*). Diese Praktiken stecken, wie wir bereits gesehen haben, voller Gefahren. Überdies ist es schwer, sie ganz korrekt auszuüben. Und auch wer sie vollendet beherrscht, hat es doch schwer, sich ihre Früchte zu erhalten und sie zu schützen.

Kannst du Fische fangen, indem du dein Netz am Ufer ausbreitest und mit der Hand das Wasser abtastest? Die Wiederholung des Namens Gottes und das Vertrauen in diesen Weg aufzugeben, sich anstattdessen mit Yoga- und Askeseübungen zu befassen, ist ebenso töricht, als wolle man auf diese Weise Fische fangen! Suchst du aber deine Zuflucht und deine Stütze im Namen Gottes, kannst du morgen, wenn nicht schon heute, mit Ihm eins werden.

Wenn dir der Name einer Sache bekannt ist, findest du sie mit Leichtigkeit. Kennst du ihn aber nicht, kannst du die Sache nicht erkennen, und sollte sie auch unmittelbar vor dir liegen! Darum sollst du den Namen Gottes ohne Unterbrechung und ohne zu zögern wiederholen. Mit Hilfe des Namens (*nāman*) entwickelst du göttliche Liebe (*prema*). Mit Liebe im Herzen kannst du über Gott meditieren. Wenn erst die Liebe tiefe Wurzeln in dein Herz gesenkt hat, wird der Herr, der die Liebe selbst ist, dein eigen sein. Wie viele verschiedene Wege es zur Verwirklichung Gottes auch geben mag – keiner ist so einfach wie dieser.

ॐ

Habt ihr schon einmal folgendes bedacht? Wenn sich in einem Land eine rätselhafte neue Krankheit ausgebreitet hat, wird auch die Arznei, die sie heilen kann, eher in diesem Lande als in einem anderen gefunden werden. Auch wenn sich nach langem, intensivem Forschen in anderen Ländern ein Medikament finden sollte, wird es nicht allzu wirksam und auch nicht in ausreichender Menge vorhanden sein. Ähnlich verhält es sich mit der spezifischen Arznei, die uns hier und heute, in unserem eisernen Zeitalter (*kali-yuga*), zur Verfügung steht.

Wir erleben es heute, daß die ganze Welt von den abscheulichen Übeln Ungerechtigkeit, Sittenlosigkeit und Lüge infiziert ist. Das ist der Grund, weshalb die alten Lehrschriften (*shāstras*) immer wieder und mit wachsendem Nachdruck betont haben, es gäbe in diesem eisernen Zeitalter keine andere Rettung als die Wiederholung des Namens Gottes. Von den vier Weltzeitaltern (*yugas*) ist gerade aus diesem Grund das jetzige das beste! Namensrezitation, Meditation und das Visualisieren einer Form Gottes reinigen die Menschheit vom Bösen. Diese drei beschützen und bewahren das eigentliche Wesen des Menschen. Folglich sind die Wirkungen der Meditation heute wertvoller als diejenigen, die man unter größten Schwierigkeiten durch Yoga, Opferriten (*yajnas*) oder Atemkontrolle erzielt.

ॐ

Jede Art von Arbeit bedarf der Zielgerichtetheit. Die Behauptung, man brauche für sein weltliches Fortkommen andere Charaktereigenschaften und Fertigkeiten als für sein spirituelles, entspricht nicht der Wahrheit. Spiritualität bedeutet die Läuterung des Weltlichen. Erfolg oder Mißerfolg hängen in beiden Bereichen von der aufgebrachten Sammlung (*ekāgratā*) ab.

Auch diese stellt eine spirituelle Disziplin dar. Als solche kann sie zwei (extreme) Formen annehmen: Richtungslosigkeit und Vielgerichtetheit. Richtungslosigkeit ist das Schlafstadium und wird auch Trägheit (*tamoguna*) genannt. Vielgerichtetheit entspringt der Überaktivität (*rajoguna*) und bedeutet, die weit geöffneten, überwachen Augen der Schöpfung und allem, was in ihr zu sehen ist, zuzuwenden.

Wenn du diese beiden Extreme meidest und deine Augen bei der Meditation weder geschlossen noch weit offen hältst, sondern sie halbgeöffnet auf deine Nasenspitze richtest, wirst du Ausgeglichenheit und Klarheit (*sattvaguna*) empfinden, und es wird dir ein Leichtes sein, deinen Geist ruhigzustellen.

Das soll natürlich nicht heißen, beim Blick auf die Nasenspitze könnest du stehenbleiben! Halte ihn zu Anfang dort und wende ihn dann dem Namen und der Form Gottes zu, die du im Sinn hast. Das ist Meditation.

ॐ

Im Verlauf der Namensrezitation oder Meditation kann es vorkommen, daß sich andere Gedanken einschleichen. Mach' dir deswegen keine Sorgen, sie stellen keine große Gefahr dar. Wenn du dich zu deiner Übung hinsetzt, sollst du es mit Begeisterung tun. Keine Unreinheit kann dir etwas anhaben, wenn du dich mit Überzeugung an eine Aufgabe begibst. Deine einzige Sorge soll es sein, daß du ganz rein bist, bevor du mit der Namensrezitation beginnst. Belaste dich darum aber nicht mit äußerlichen Formalitäten. Suche dir den Namen aus, der dir lieb ist und die dazugehörige Gestalt.

Der Name selbst ist „das Wort, das errettet" (*mantra*). Der Name ist Gebet, er ist ewig rein, ewig wirksam, er kann dir alles sein. Aber du darfst Name und Gestalt nicht auswechseln und je nach Laune mal diesen, mal jenen benutzen. Halte beständig an dem Namen und der Gestalt fest, die dir spontan zusagten, sie werden sich gewiß deinem Herzen einprägen. Alles weitere geschieht dann durch die Gnade Gottes.

Wenn man einem Arbeiter aufträgt, ein Feld umzugraben, dann besteht seine Aufgabe in nichts anderem als graben. Allein der Gärtner weiß, wieviel von einem bestimmten Boden unter welche Pflanze gebracht werden muß und auf welche Art er zu verteilen ist. So lautet auch dein Auftrag: „Wiederhole den Namen Gottes!" Unter der Bedingung, daß du deine Arbeit tust, wird der Herr selbst entscheiden, wo und wie sie sich auswirken wird.

ॐ

Sinn und Zweck von Name und Form liegen darin, daß sie den Geist (*manas*) schulen. Warum sollte man ein Pferd einreiten, welches bereits zugeritten ist? Nur junge oder wilde Pferde werden mit Hilfe einiger Kunstgriffe eingeritten. Ebenso benutzen wir zur Zähmung unseres widerspenstigen Geistes das Gebet, den Lobpreis (*bhajana*), Namensrezitation (*japa*) und das Visualisieren einer göttlichen Gestalt (*smarana*). Anfangs wird das Pferd versuchen auszubrechen, das braucht den Zureiter aber nicht zu beunruhigen. Er muß nur die Zügel fest in der Hand haben.

Der Geist wird seiner Natur entsprechend in alle Himmelsrichtungen davongaloppieren, wenn du mit diesen über seine eigenen Kapriolen wachen; dämme die wilde Flut von Gedanken, Plänen und Absichten ein, dann wird es in deinem Gemüt keinen Platz mehr geben für Sorgen und Ängste. Willst du das Abschweifen deiner Gedanken verhindern, wiederhole innerlich den Namen des Herrn. Das hält Sorgen und Nöte von dir fern. Ehe nicht das den Dingen verhaftete Welt-Ich vergeht, kann das höchste Wissen (*jnāna*) nicht heraufdämmern. Ein wahrer Mensch ist der, welcher dies vollbracht hat. Der Schüler des spirituellen Weges muß zuerst das Geheimnis des „Auf-das-Innere-Schauens" lernen und seine Aufmerksamkeit von allem Äußerlichen abziehen.

Bis jetzt hast du nur wenig über die innere Welt gehört. Göttliches Leben ist nichts anderes als dieses „Im-Innern-Leben". Wenn ein kleines Kind beginnt, zu beobachten und zu begreifen, krabbelt es umher, um seine Umgebung zu entdecken. Genauso lernt auch der Schüler des spirituellen Weges (*sādhaka*), die innere Welt abzutasten und sie allmählich zu begreifen. Ein gesundes Baby strampelt in seiner Wiege, guckt dabei zum Licht an der Zimmerdecke und quietscht vergnügt vor sich hin. Der Gott Suchende (*sādhaka*), der an Körper, Geist und Seele gesund ist, ruht in der Wiege des Lebens, betrachtet die innere Welt und klatscht in die Hände vor Freude über die Empfindung der Wonne, die er dort findet.

Jeder Gedanke, jedes Wort und jede Handlung müssen aus deinem voll bewußten Wissen kommen. Lenke deinen Verstand so, daß er sich nicht im Äußeren verliert, sondern fortwährend in der inneren Welt weilt. Das ist das „Auf's-Innere-Schauen". Die Meditation ist das wichtigste Hilfsmittel dafür.

Diesen inneren Bereich kann der Gott Suchende durch die Pforte der Selbstprüfung betreten. Diese Pforte lädt jeden Menschen, der Demut und Hingabe besitzt, dazu ein,

Übungen beginnst. Du sollst darum aber nicht verzweifeln oder dich verunsichern lassen! Halte die Zügel fest! Der Name Gottes ist das Zaumzeug. Innerhalb kurzer Zeit wirst du deine Worte und Gedanken unter Kontrolle bekommen. Du darfst es nicht zulassen, daß irgendetwas sich dir so aufdrängt, daß du darüber den Namen des Herrn vergißt! Was für einen Gewinn dir die Namensrezitation bringt, wirst du selber nach einer gewissen Zeit bemerken!

Halte nicht Ausschau nach den Früchten des Bäumchens, das du eben erst gepflanzt hast! Brich nicht seine Blätter und Zweige, um auf ihnen herumzukauen, in der Annahme, dadurch könntest du schon einen Vorgeschmack auf die Frucht bekommen! Wenn du nicht warten kannst, wirst du auch die Süße der Frucht nicht genießen können, denn das wird das Bäumchen nicht überleben!

Deine Aufgabe besteht also einfach darin, den Schößling „Namensrezitation" zu pflegen. Während du damit beschäftigt bist, darfst du nicht zweifeln und überprüfen wollen, ob der Name wirklich die Kraft und Herrlichkeit besitzt, die ihm zugeschrieben werden. Dein Schößling wird mit Sicherheit zu einem großen Baum heranwachsen und dir die Frucht bringen, die du erhoffst. Du kannst es schaffen! Es ist das Wesen der Übung des Namens, diese Frucht hervorzubringen. Der Sinn der Sammlung (*ekāgratā*) besteht darin, dich an der Übung der Namenswiederholung festhalten zu lassen, ohne ihn zu verändern, und dir zu helfen, die dazugehörige Form Gottes immer vor Augen zu behalten.

Das Netz „Namensrezitation" darf keine Löcher bekommen; das heißt, es muß ständig, ohne Unterbrechung, daran geknüpft werden. Wenn es irgendwo eine Fehlstelle gibt, fällt die Frucht, die vom Netz gehalten werden soll, vielleicht hindurch! Übe dich solange in der Meditation, bis du deinen Geist fest unter Kontrolle hast. Darin besteht die grundlegende Aufgabe.

Laß deinen Geist getrost wandern, aber hüte dich davor, ihm zu folgen, um herauszufinden, wohin er will! Dann wird er nämlich eine Zeitlang nach Lust und Laune umherschweifen, aber bald schon müde und erschöpft zurückkehren, denn sein Verhalten ist das eines kleinen Kindes, welches noch keine Erfahrungen gesammelt hat. Da die Mutter ihm folgt und nach ihm ruft, wird es immer mutiger und rennt munter weiter. Merkt es aber, daß die Mutter nicht hinter ihm herläuft, sondern sich einfach still abwendet, wird es von selbst zu ihr zurückkehren.

Kümmere dich nicht um die Launen deines Geistes! Fahre unbeirrt fort mit deinen Übungen des Visualisierens und des Meditierens über den Namen und die Form Gottes, welche dir die liebste ist, und auf die Weise, welche dir vertraut ist. Auf diese Art wirst du in die Sammlung (*ekāgratā*) kommen, und du wirst das erlangen, wonach dein Herz sich sehnt.

Während der Meditation sollst du dir keine Gedanken über Reinheit oder Unreinheit machen. Es gibt nichts Unreines auf dieser Welt! Wenn doch Gott überall und in allem gegenwärtig ist – wie könnte es Unreinheit geben? Und selbst wenn etwas dem äußeren Auge unrein erscheinen mag – in dem Moment, wo es mit dem Namen Gottes in Berührung kommt, ist es gereinigt.

Stellt euch einmal vor, jemand würde einen Schatz entdecken, während er seine Notdurft verrichtet. Würde er vielleicht zögern, ihn an sich zu nehmen, nur weil er sich in diesem Moment unrein fühlt? „Reinheit" und „Unreinheit" sind nichts als Vorstellungen, mit denen der Geist in einem bestimmten Moment reagiert. Wenn jemand einem anderen eine Schuld zurückzuzahlen hat, wartet er gern die günstigste Zeit und die passende Stunde ab. Bietet sich ihm aber eine Gelegenheit, Geld anzunehmen, dann ist ihm jeder Augenblick recht! Die jeweilige innere Einstellung ist verantwortlich für diese unterschiedlichen Verhaltensweisen.

Wenn du den Namen Gottes von ganzem Herzen liebst und ihm vertraust, wirst du dich auch nicht wegen deiner Reinheit oder Unreinheit sorgen. Rezitierst du den Namen aber unter Druck und mit gewissem Unbehagen, dann werden sich alle möglichen und unmöglichen Hindernisse vor dir auftürmen. Darum sollst du dich von solchen Gefühlen freimachen. Sorge dafür, daß dein Glaube an die über alles erhabene Heiligkeit des Namens und der Form Gottes stark wird. Glaube fest daran, daß durch Seinen Namen alles geheiligt wird!

ॐ

Laß deine Liebe zu Gott sich entfalten. Sie hat unendliche Macht. Eine eiserne Kette reißt leicht im Verhältnis zur Kette der Liebe, die dich an Gott bindet. Auch die grausamste Bestie wird besänftigt durch Liebe. Das macht die Zauberkraft Gottes (*māyā*). Liegt nicht eine heilige Aufgabe darin, den Strom deiner Liebe in das weite Meer göttlicher Gnade fließen zu lassen, anstatt ihn in Tümpel und tote Flußarme zu lenken? In dieser Aufgabe verwirklicht die Seele (*jīvī*) den Sinn ihres Lebens. Darin liegt höchste Befreiung (*moksha*). Wahre Meditation ist, die Liebe unablässig auf Namen und Form Gottes zu lenken.

Verfalle nicht in den Irrtum, diese zeitliche Wohnstätte für die ewige zu halten! Du darfst nicht den Mut verlieren, wenn dich Schwierigkeiten oder gar Tragödien treffen sollten. Stelle dich mit ganzer Kraft darauf ein, den Ewigen zu finden. Alles Weltliche unterliegt dem Verfall. Früher oder später wird jedes Ding sich auflösen.

Es ist nicht recht, Gott, der auf ewig mit dir verbunden ist, abzuweisen und dich von den Banden der Welt gefangennehmen zu lassen, die nur gezählte Tage zu dir gehören! Wie es geschrieben steht: „Deine Verwandten begleiten dich bis zum Hoftor, höchstens bis zum Begräbnisplatz; dein wahrer Verwandter aber ist der Herr, denk' daran!" Er wird dich niemals verlassen. Bedenke, wie oft du schon wiedergeboren wurdest! Du hast schon unzählige Mütter und Väter, Ehefrauen und Ehemänner, Söhne und Töchter, Freunde und Feinde gehabt; ist heute auch noch einer von ihnen da? Erinnern sich deine Angehörigen von damals vielleicht noch ihrer Verwandtschaft mit dir? Für sie bist du „niemand", und für dich sind sie „niemand". Aber ihr alle habt den Herrn als gemeinsamen, unverrücklichen Verwandten. Er ist derselbe, zeitlos, ewig. Er wacht über dich, Leben für Leben. Gibt es ein größeres Unrecht, als solch einen Herrn zu leugnen?

Stell' dir vor, du lägest da, deine Körperfunktionen wären geschwächt und versagten den Dienst... Hier deine Eltern, deine Frau, Kinder, Verwandten, dort die Todesboten, die dir befehlen, dich unverzüglich auf die letzte Reise zu machen. Wer weiß, wann dieser Ruf an dich ergeht? Noch ehe dieser Augenblick eintritt, sollst du dich vorbereitet haben mit dem Gedanken an Gott.

ॐ

Wir unterteilen die spirituelle Entwicklung eines Menschen in drei Abschnitte: Der erste ist das diffuse, unbestimmte Stadium. Dann kommt das aktive Stadium des Strebens und schließlich das der Vollendung. Diese drei Stadien entsprechen den drei Eigenschaften (*gunas*) Trägheit (*tamas*), Dynamik (*rajas*) und Ausgewogenheit (*sattva*). Wenn jemand aus dem ersten heraus in das zweite hineinwächst, sich aber nicht Schritt für Schritt verbessert, müssen wir das als Fehlentwicklung ansehen.

Bei diesen Überlegungen können wir die Kindheit außer acht lassen. Mit dem Beginn der Jugend tritt der Mensch in das erste, noch nebelhaft ungewisse Stadium ein und verbringt seine Zeit mit verschiedenen fruchtlosen Tätigkeiten. Später erst kommt er zu Reife und Kraft. In dem mittleren Stadium, welches vom Wechsel zwischen Gewißheit und Ungewißheit geprägt ist, kommt es darauf an, sich nach der Erfüllung zu sehnen, die man im letzten Abschnitt seines Lebens erreichen kann.

Auch im vorgeschriebenen Ablauf religiöser Rituale (*tapas*) spiegelt sich diese Reihenfolge wider. Zu Beginn der heiligen Handlung (*pūjā*) wird die Beziehung zur göttlichen Mutter (*shakti*) hergestellt. Der darauffolgende Teil bezieht sich auf Gott als Vater (*shiva*). Das bedeutet, daß der Lebensabschnitt, in dem der Mensch sich in mütterlicher Obhut befindet, abgeschlossen ist. Er hat das Stadium erreicht, in welchem er sich unter die väterliche Obhut begibt, das heißt unter den Schutz der Gottheit, welche das Universum erneuert und bewahrt (*shiva*). Tritt man unter die Obhut des Vaters, darf man Körper und Geist nicht mehr beschmutzen, wie man es unter der Obhut der Mutter noch durfte.

In dem mittleren Stadium hat der Mensch noch gewisse spontane Neigungen, die nicht wünschenswert sind und vermieden werden sollten. Es sind dies: Dünkel, Boshaftigkeit und Schadenfreude, Eigensinn, Neugier, Gelüste, Habsucht, Scham, Wut, Rachsucht, Abscheu und so weiter. Solange man solche Neigungen hat, kann man sich Gott in Seinem väterlich freundlichen Aspekt (*shiva*) nicht ergeben. Sie müssen mit der Wurzel ausgerissen werden; zumindest sollte man sich systematisch darum bemühen, sie loszuwerden.

ॐ

Menschen, die diesen Weg gewählt haben, müssen gegen den Strom schwimmen, denn zur Quelle gelangt man flußaufwärts. Läßt man sich dagegen mit dem Strom treiben, entfernt man sich immer weiter von ihr und verliert das Ziel aus den Augen.

Natürlich ist es nicht so leicht, stromaufwärts zu schwimmen. Aber mit jedem Stoß näherst du dich ja dem Ziel – du entfernst dich nicht weiter davon! Um diese Strapaze zu bestehen, brauchst du das Floß „Meditation". Die Meditation hilft dir, die Schwächen des Leibes zu überwinden, die sich jagenden Gedanken zu zügeln und dich der Quelle der Gnade zu nähern. Mit Hilfe der Meditation kannst du den Ursprung der Urkraft (*ādimūrti*) erreichen.

Ist dir aber an einer bequemen Reise gelegen und läßt du dich mit dem Strom treiben, dann entfernst du dich von der Gnade und kehrst ihr den Rücken. Die Quelle der Urkraft rückt immer ferner und verschwindet schließlich aus deinem Blickfeld. Menschen, die diesen Weg gehen, verlieren sich und geraten in immer tieferes Elend. Was haben sie davon?

Die schon erwähnten schlechten Neigungen sind die Ursache dieses Trauerspiels. Wer sie rechtzeitig überwindet, erreicht die Quelle gewiß. Wo aber dieses Streben fehlt, enden alle Anstrengungen in Mißerfolg.

Auf der ganzen Welt werden Menschen mit guten Eigenschaften gern gesehen; die mit schlechten Eigenschaften meidet man. Äußerlicher Liebreiz wirkt anziehend auf das Tier im Menschen; innerer Liebreiz ist die Frucht eines guten Charakters und gefällt dem Herrn. Laß dich nicht vom schlechten Geschmack verleiten und gib nichts auf billige, allzu leicht gewonnene Beachtung!

Trachte nach der Gnade und der Liebe Gottes! Die Zuneigung, die Menschen füreinander empfinden, ist nicht von Dauer, denn sie wandelt sich mit ihren Vorlieben und Abneigungen. Aber die Liebe, die dir von Gott zufließt, ziehst du an dich durch deine guten Eigenschaften. Sie hat die Macht, dich mit dauernder Freude zu erfüllen. Menschen, die in das Äußerliche verliebt sind, stürzen von einer Enttäuschung in die andere. Schönheit besteht aus gutem Charakter, aus nichts anderem. Nichts ist von größerem Liebreiz!

ॐ

Gute Menschen sollten niemals über das Böse reden, das andere tun, denn damit überträgt es sich auf sie. Die Lebensgeschichten von großen Heiligen wie Dhruva und Prahlāda zu hören, bewirkt Gutes und weist dir den rechten Weg. Heiligengeschichten wie die von Sāvitrī und Anasuyā zerstören schon dadurch, daß du sie hörst, die Wurzeln des Bösen und stärken deinen Charakter. Wie geht das vor sich? Wie ist das zu erklären? Diese Gestalten sind heilig, ihre Lebensgeschichten frei von jeglichem Makel. Darum lohnt es sich und tut gut, über sie und ihr Leben zu sprechen. Das ist die ganze Erklärung.

Diejenigen, welche gute Menschen kritisieren, rechtfertigen sich damit, sie wollten ja nur erreichen, daß diese ihr Verhalten korrigieren und noch bessere Menschen werden. In Wirklichkeit aber wollen sie die Guten nur in etwas Böses hineindrängen. Damit ziehen sie es aber auf sich selbst und werden ihrerseits böse.

Denke niemals über die Schlechtigkeit anderer Menschen nach! Wenn du kannst, versuche sie auf den rechten Weg zu bringen und ihnen zu raten. Um zu dieser inneren Einstellung zu kommen, muß man seelischen Frieden, Barmherzigkeit und den starken Drang, für das Wohl aller zu wirken, im eigenen Innern kultivieren. Das geht nur mit Hilfe von Meditation und Namensrezitation. Der Reichtum, den dir deine spirituellen Übungen einbringen, heißt „gute Charaktereigenschaften" (*sadguna*). Sie wirken klärend im äußeren Bereich und läutern und veredeln die inneren Neigungen.

ॐ

Wellen entstehen in der oberen Schicht des Meeres. Sie werden vom Wind hervorgerufen, und so kann man sagen, der Wind ist die bewegende Kraft. Auch der Geist eines denkenden Menschen steckt latent voller Vorstellungen und Meinungen. Unter günstigen Bedingungen kommen sie aus allen Winkeln und Ecken hervorgesprudelt.

In vergleichbarer Weise ist das göttliche Wesen in einem Foto oder Abbild, welches man anbetet, latent vorhanden. Liegt das vielleicht an der besonderen Beschaffenheit des Bildes? Nein. Das Bild ist und bleibt ein Bild, aber die Tiefe des Gefühls, in welchem der Gott Liebende (*bhākta*) mit Hingabe betet, bewirkt, daß Gott nicht anders kann, als Sich für ihn zu manifestieren. Aus diesem Grund nimmt Gott Gestalt an, eine Gestalt, von der ein Segen ausgeht, sei sie auch aus Stein, Holz oder Papier – was immer der Gott Liebende betrachten oder anbeten mag, worüber er auch meditiert. Prahlāda zuliebe trat Gott aus einer Säule hervor! Vāmana konnte Ihn in einem Fels sehen, und für Markandeya kam Er aus einem heiligen *Lingam*.

Um die Sehnsucht des Gott Liebenden zu stillen, manifestiert sich das allem innewohnende Wesen des Universums (*hari*) in jeder beliebigen Gestalt, in jedem beliebigen Gegenstand und an jedem beliebigen Ort! Du brauchst nur zielgerichtet und konzentriert zu beten. Solche Konzentrationskraft bekommst du nur, wenn du rein, selbstlos und absichtslos (*sattva*) geworden bist. Diese Eigenschaften wiederum sind Folgen der Meditation.

ॐ

Um einen guten Charakter zu entwickeln, brauchst du die Gemeinschaft guter Menschen (*satsanga*). Die Menschen, von deren Gesellschaft du am meisten profitieren kannst, sind diejenigen, welche über Gott, die Wahrheit, den selbstlosen Dienst am Nächsten (*seva*) und über die Liebe sprechen, die alle vereint (*prema*). Diejenigen aber, die nichts von Gott wissen wollen, die sich Seiner Existenz vielleicht nicht einmal bewußt sind, die nur danach streben, ihre Verhaftung an das Irdische (*samsāra*) noch zu verstärken, die Lüge, Ungerechtigkeit und Unterdrückung predigen und praktizieren, die dir vom Weg der Rechtschaffenheit abraten – mit solchen Menschen sollst du keine Freundschaft pflegen. Sie gehören zu dem Personenkreis, den man um jeden Preis meiden sollte. Das ist schlechte Gesellschaft (*dussanga*). Wenn du dich in schlechte Gesellschaft begibst, wirst du gegen deinen Willen Unrecht begehen, Dinge sagen, die du nicht sagen solltest, und Dinge tun, die du nicht tun solltest. Die Folge ist, daß es abwärts geht ins Verderben.

Menschen, denen es an Furcht vor unrechtem Tun und an Gottesfurcht mangelt, sind imstande, jegliche Bosheit zu begehen. Das wundert uns nicht. Suche also nur die Gemeinschaft mit Menschen, die beide Arten von Furcht kennen – das ist die richtige Gesellschaft (*satsanga*) für dich. Vor

Menschen, die auch nicht die Spur solcher Furcht besitzen, mußt du dich in acht nehmen!

Wer den spirituellen Weg gehen will, muß sich stets um die Gesellschaft der Guten bemühen. In ihrem Kreis wirst du sicher nicht zu Habgier verleitet, das heißt, die Energie des Verlangens (*icchāshakti*) bekommt keine Gelegenheit, die verkehrte Richtung einzuschlagen. Gleichgültig, wie leicht oder schwer sie zu finden sind – suche nur gute Menschen auf! Strebe nach dauerhafter Zufriedenheit und mache sie zu deinem innersten Wesen! Bringe dich nicht selbst vom Weg ab, indem du vorübergehenden Vergnügungen nachjagst!

Für den wahren spirituellen Aspiranten ist es nutzlos, sich Menschen anzuschließen, welche ihre Zeit mit weltlichen Angelegenheiten verbringen. Wenn du keine Freunde der beschriebenen Art finden kannst, dann bleibe lieber allein. Du versäumst nichts. Nicht einmal im Traum solltest du daran denken, dich in schlechte Gesellschaft zu begeben!

Laß dich nicht in die Machenschaften schlechter Menschen verwickeln! Wenn es möglich ist und du eine Gelegenheit dazu bekommst, sage ihnen, was recht ist, füge dich aber nicht ihren Überzeugungsversuchen. Du darfst nicht einmal den Wunsch verspüren, dich dort aufzuhalten, wo solche Menschen anzutreffen sind! Wenn du diese Eigenschaften in dir herausbildest, wird beides, Namensrezitation und Meditation ein Leichtes für dich sein und dir bald Erfolg bringen!

ॐ

Menschen, die schon zu Lebzeiten Befreiung erlangt haben (*jīvanmuktas*), sind gottverwirklichte Seelen – vergleichbar mit Leuchttürmen, die den Schiffen im Dunkeln den richtigen Kurs weisen. Spirituelle Leuchttürme zeigen jenen den Weg, welche hilflos in der Finsternis der Unwissenheit treiben.

Alle werden aus dem Schoß des Einen Gottes geboren. Ebenso, wie sich ungezählte Arten von Fischen, Krebsen und anderem Wassergetier im Teich tummeln, gibt es auch eine Unmenge menschlicher Wesen in dem Meer, welches wir „Gott" nennen. Bei ihrem Anblick könnte man sich fürchten: Einige sind noch nicht, andere unvollständig entwickelt; sie flitzen aneinander vorbei – habgierig und selbstsüchtig. Inmitten dieser Masse unwissender Wesen befinden sich einige hochentwickelte Seelen, Weise (*jnānīs*) und Gottgeeinte (*yogīs*). Aber in der Menge lassen sie sich nicht so leicht ausfindig machen. Um die einzelnen Blutkörperchen im Blut zu erkennen, braucht man ein Mikroskop. Um die Weisen aus der Masse herauszufinden, braucht man ein Spezialmikroskop, genannt „Meditation".

Die Schöpfung und ihre Wunderwerke, von denen sie voll ist, lassen uns täglich von neuem staunen. Aber wenn wir uns heute umschauen, gibt es nur sehr wenige, die nach dem Licht Ausschau halten und sich von ihm führen lassen. Und so ist es ratsam, anstatt mal diesem, mal jenem Lehrer zu folgen, dabei Umwege zu machen und sich womöglich zu verirren, sein volles Vertrauen auf den Herrn selbst zu setzen. Das Beste ist, man verläßt sich ganz auf Ihn als der einzig wahren Mutter, dem einzig wahren Vater, Lehrer (*guru*) und Führer. Auf diese Weise kannst du nicht vom rechten Weg abkommen. Er wird deinen Fuß niemals auf falsche Wege lenken! Um fest darauf vertrauen und es selbst erfahren zu können, muß man meditieren. Die Meditation, und nur die Meditation führt dahin! Es genügt, voller Liebe und Glauben über den Namen und die Form Gottes zu meditieren, die man am meisten liebt.

Es gehört zur spirituellen Disziplin, immer frohgestimmt zu sein und die innere Freude durch ein Lächeln nach außen zu tragen. Damit wirst du dich angenehm von anderen unterscheiden. Du wirst merken, daß man dich lieber mag. Und auch der Herr wird Seine Freude daran haben, dich anzuschauen. Deshalb sollst du meditieren – in aller Unbefangenheit, Reinheit und Demut. Dann wirst du alles erreichen, wonach du strebst.

Laß dich auf keinen Fall zu Wutausbrüchen hinreißen, verliere auch in unvermuteten Notlagen niemals den Mut. Respektiere jeden Menschen, ungeachtet seines Standes! Auf diese Weise wirst du grenzenlose Liebe entwickeln und ungehindert in deiner Meditation vorankommen.

Zur Heilung von Krankheiten genügt die Meditation, dieses ständige Verweilen des Geistes bei Name und Form Gottes, als einziges Heilmittel, wenn du keine Medikamente nehmen möchtest. Sogar deine Fähigkeit, Dinge zu analysieren und richtig zu sehen, wird wachsen. Dadurch kann jede Krankheit, wie ernst sie auch sein mag, überwunden werden.

Jedes gesprochene Wort enthält zwei Arten von Bedeutung: Die augenscheinliche und die innere, die begriffliche und die klangliche. Die Upanischaden befassen sich mit der jeweils zweiten, arbeiten sie sorgfältig heraus, erklären sie und lassen uns darin die letzte, absolute Wirklichkeit, das *Brahman*, erkennen.

Eine wichtige Tatsache, derer wir uns stets bewußt sein müssen, ist die, daß es möglich und erstrebenswert ist, die ganze Macht der Worte durch Sanftheit und Wohlklang der Sprache zur Wirkung zu bringen. Wenn du darauf bedacht bist, Gott in allem zu sehen, wird der Wohlklang des Wortes dir eine große Hilfe sein. „Herr" – „Meister" – „Gott" – in diesen Worten schwingt Zuneigung und Achtung mit. Durch diese und ähnliche Worte kannst du andere glücklich machen; auch dir selbst wird leicht und unbeschwert zumute sein, wenn du dich in der Sanftheit und Warmherzigkeit des Ausdrucks übst! Du wirst sehen, daß du schnell in die Konzentration kommst, wenn du in einer glücklichen Atmosphäre meditierst.

Benutzt du aber eine Sprache, mit der du andere beschuldigst oder ablehnst, machst du dich selbst zur Zielscheibe von Angriffen. Beides versetzt dein Gemüt in Erregung. Wenn aber die Atmosphäre auf diese Weise gestört worden ist, kann die Meditation nicht mehr ihren Sinn und Zweck erfüllen. Willst du also wirklich durch Meditieren glücklich werden, mußt du dich selbst darauf einstellen, indem du erfreuliche Gespräche führst oder frohe Gedanken und Erinnerungen hegst. Liebevolle und sanfte Gespräche sind eine große Hilfe für die Meditation.

Ein Mensch muß einen guten Charakter entwickeln, denn der Charakter überdauert das physische Leben. Tugenden sind die Stärke und Herrlichkeit des Menschen. Charakter ist Macht. Darum sollst du ihn schulen und ihn dazu benutzen, die innere Schau des Herrn (*sākshātkāra*) zu erhalten. Halte fest an diesem Ziel!

ॐ

Du mußt dich dazu erziehen, zu jeder Zeit, mag sie dir Gewinn oder Verlust bescheren, unter allen Umständen immer zufrieden zu sein. Das ist wesentlich. Zufriedenheit bringt Glück und vergrößert vorhandenes. Dem zufriedenen Gemüt ist das Leben ein ewiges Fest. Ein von Wünschen geplagtes Gemüt ist immer ruhelos. Wenn dir Wünsche zu schaffen machen, kannst du dich unmöglich konzentrieren. Wünsche sind Feuer im Haus deines Körpers – sie verbrennen dich, daß du zu Asche zerfällst. Zufriedenheit ist das geeignete Mittel, dieses Feuer zu löschen. So wie ein Sprung ins Wasser den Wanderer erfrischt, der verschwitzt und erschöpft von der Hitze des Tages an einen Fluß kommt, so wird auch der, welcher unter dem verzehrenden Feuer des Begehrens leidet, von den klaren Wassern der Zufriedenheit erquickt!

Die Macht deines Verlangens soll nur der Verwirklichung Gottes gelten! Du darfst dein Leben nicht in den Dienst der niederen weltlichen Wünsche stellen. Weihe alles, was du tust, dem Herrn; darin findest du wahre Zufriedenheit. Sie entsteht, wenn du dir inneren Frieden (*shānti*), heitere Gelassenheit und Genügsamkeit (*santosha*) und Unterscheidungskraft (*vicārana*) zu eigen gemacht hast. Dann rückt auch die innere Schau des Herrn (*sākshātkāra*) in den Bereich des Möglichen.

Der einzige Weg, dir diese Eigenschaften anzueignen, führt über Namensrezitation, Visualisieren und Meditieren. Durch sie allein kannst du diese Wesenszüge in dir kultivieren. Es ist ausgeschlossen, sie auf andere Weise zu bekommen. Vor allem ein genügsames und heiteres Gemüt (*santosha*) ist imstande, die beiden anderen, Frieden und Unterscheidungskraft, nach sich zu ziehen.

Nichts bringt dem Menschen soviel Gewinn wie die Zufriedenheit. Sie ist ein Schatz, kostbarer als alle drei Welten zusammen. Ein zufriedener Mensch kann unbeschreibliches, himmlisches Glück erfahren. Seine Freude ist größer als die des Besitzers der himmlischen Kuh Kāmadhenu und des wunscherfüllenden Baumes Kalpataru. Er kann sich nämlich in sich selbst versenken und darin wahre Glückseligkeit finden. Werft nicht die dauerhaften Freuden der inneren Ruhe und Zufriedenheit fort, indem ihr nur nach körperlichen Freuden trachtet!

ॐ

Hänge dein Herz nicht an deinen vergänglichen Körper. Benutze ihn wie ein Gerät. Betrachte dich selbst als losgelöst von diesem dem Vergehen geweihten Leib, der eine zeitlich begrenzte Verbindung der fünf Elemente darstellt. Begreife dich als das unzerstörbare Selbst (*ātman*)! So wie das Haus, in dem du wohnst, nicht mit dir verwachsen ist, so ist auch dein Körper, der dir für eine Weile Wohnung gibt, etwas von dir Verschiedenes.

Die Identifizierung mit dem Körper ist die eigentliche Ursache allen Kummers, Unglücks und aller Unfreiheit. Das mußt du nur wirklich verstehen. Du mußt deinen Körper dazu bringen, sich deinem Willen unterzuordnen. Niemals darfst du dich ihm unterwerfen und seinen Launen gehorchen. Sei darauf gefaßt, ihn eines Tages abwerfen zu müssen. Entschließe dich dazu, ihn zu beherrschen und unter strenger Kontrolle zu halten! Du mußt mit deinem Körper sorgfältig umgehen und ihn mit größter Achtsamkeit schulen.

ॐ

Das oben Gesagte bezieht sich auf das innewohnende Göttliche Selbst. Nun gibt es für jeden doch auch weltliche Dinge zu tun. Wie sollte man am geschicktesten mit seinem Körper umgehen? Benutze ihn wie ein Fahrzeug, wie ein Boot, mit dem du das stürmische Meer des Lebens überquerst. Bis hin zu dem Zeitpunkt, wo du das andere Ufer erreichst, und das heißt, in die höchste Wirklichkeit eingehst, mußt du sorgsam darauf achten, daß dein Boot nicht beschädigt oder leckgeschlagen wird. Laß es nicht zerbrechen! Achte auf seine Signale! Das heißt, du darfst es nicht versäumen, deinem Körper zur rechten Zeit und im rechten Maß gute, reine (*sattva*) Nahrung zu geben und ihm Bewegung zu verschaffen.

Der Umgang mit dem Körper, welcher deiner Vergeistigung dient, wird zu einer Disziplin, die du für die eigentliche spirituelle Arbeit benötigst. Mit einem gesunden, gut trainierten Körper kannst du Übungen wie Meditation, Anbetung (*pūjā*) und Lobsingen gut durchführen, denn während der Übungen und auch danach sollst du frohgestimmt sein, nicht trübsinnig. Eins mußt du dir merken: Du darfst dabei niemals müde oder zaghaft werden! Wenn du aber doch ermüden solltest, magst du dir zum Abschluß deiner Meditation ein paar Nüsse oder Mandelkerne – gut in Wasser eingeweicht – gönnen. Das belebt den Körper und gibt ihm Kraft.

ॐ

Jeder Mensch sollte die Tugend der Zufriedenheit entwickeln – durch die Disziplinierung des Denkens. Die Zufriedenheit oder Wunschlosigkeit gehört zu den ausgeglichenen (*sattva*) Eigenschaften; sie läßt dich nicht zum Faulenzer werden – ganz und gar nicht! Im Gegenteil – sie ermöglicht es deinem Geist, sich auf den Weg zu Gott zu machen und schenkt dir inneren Frieden. Außerdem hält sie dich von allem unwesentlichem Tun ab, welches es nur auf den eigenen Nutzen abgesehen hat.

Der Zufriedene ist vollkommen rein, selbstlos und frei von jeglicher Erwartung. Er lebt ein verinnerlichtes Leben in tiefer Verbundenheit mit dem Selbst. Er kann jede Arbeit verrichten, ohne zu ermüden und ohne zu klagen. Die Ströme des Geistes, die sonst in viele verschiedene Richtungen zerrinnen, erhalten ein gemeinsames, einziges Ziel.

Die Seher, Weisen und Gottgeeinten der Vergangenheit verwirklichten das Ziel des Lebens, weil sich durch ihre Wunschlosigkeit Frieden in ihrem Innern einstellte. Die Zufriedenheit verleiht allen Schülern des spirituellen Weges Begeisterung und die Energie, welche sie für den Weg brauchen, der zur inneren Schau Gottes (*sākshātkāra*) führt.

Sein selbstgenügsames Gemüt bewahrt den Gott Suchenden vor den Gefahren und Schwierigkeiten des Weges. Mit den vergänglichen Dingen dieser Welt geht er um wie mit Gift; für ihn haben sie keinen Wert. Durch Zufriedenheit entwickeln sich Unterscheidungsvermögen, die Fähigkeit zur Entsagung und Wissensdurst. Die Geschichte von Mīra gibt dafür ein gutes Beispiel. Du mußt die Geschichten von Rādhā, Jayadeva und Gauranga recht verstehen. Sie lehren dich die Wahrheit.

ॐ

Die Erfüllung des menschlichen Lebens liegt in der Verwirklichung des göttlichen Selbst (*ātman*), das heißt im wesensmäßigen Innewerden Gottes (*ātmasākshātkāra*). Um diese Verwirklichung zu erreichen, muß man vollkommen frei von Neigungen und Wünschen (*vāsanā*) sein. Befreiung (*moksha*) ist in der eigentlichen Bedeutung des Wortes Freisein von der Bindung durch Wünsche (*vāsanās*). Es gibt zwei Arten von Impulsen oder Neigungen: förderliche und störende. Die förderlichen sind von heiligender Wirkung; die störenden verstärken die Begehrlichkeit des weltverhafteten Ichs, so daß es immer weniger kontrollierbar und immer unbeständiger wird. Sie lassen das Verlangen nach sinnlichen Genüssen noch weiter um sich greifen und intensivieren es.

Wer seinen förderlichen Neigungen (*shubha-vāsanās*) nachgeht, stellt fest, daß sie sich nicht vervielfältigen. Sie bewirken keine weiteren Bindungen des Gemüts. Man könnte sie mit gerösteten Samen vergleichen, die nicht mehr keimen. Wenn du nur deinen förderlichen Neigungen nachgibst, kannst du leicht zur Erfahrung des göttlichen Urgrundes (*brahmajnāna*) gelangen.

Förderliche Wünsche finden ihren Niederschlag in solchen und ähnlichen Verhaltensweisen: Man pflegt die Verbindung zu spirituell hochstehenden Persönlichkeiten (*mahātmas*); man verehrt große Menschen, sucht das Gespräch mit ihnen und folgt ihrem Rat. Man übt sich in Wohltätigkeit, Standhaftigkeit, Liebe, Geduld, Wahrhaftigkeit, Mut, Wunschlosigkeit und anderen Tugenden. All dies sind reine, förderliche Neigungen.

ॐ

Die störenden, verunreinigenden Neigungen führen zu schlechten Gewohnheiten wie zum Beispiel dem Verlangen, Dinge anzuschauen, welche die niederen Triebe ansprechen (wie manche Kinofilme). Sie erwecken den Wunsch, aufputschende, erregende, vergiftende Speisen zu sich zu nehmen, wie etwa Fisch und Fleisch, und sich an Getränken zu berauschen, welche die Persönlichkeit zerstören. Den Geist verunreinigende Neigungen verursachen Zorn, Irrtum, Habgier, Dünkel, Tücke und Falschheit, Haß, Neid und andere schlechte Eigenschaften.

Es gibt drei verschiedene Kategorien von Wünschen, welche den Geist verunreinigen: physische, intellektuelle und soziale. Die physischen lassen die Menschen nach einem schönen Körper trachten, nach kräftigem, stattlichem Wuchs, nach glatter, schimmernder Haut, die möglichst nicht von Runzeln verunziert sein sollte und nach straffen, prallen Muskeln. Die intellektuell störenden Neigungen bewirken im Menschen den Ehrgeiz, als unerreichte Größe dazustehen und jeden Rivalen zu schlagen. Die sozial verunreinigenden Neigungen schließlich sind verantwortlich für das Streben nach Stellung, Macht, persönlicher Geltung und Prunk. All dieses und ähnliches kann man unter der Überschrift „verunreinigende Neigungen“ zusammenfassen.

ॐ

Wünsche binden dich an das Rad von Geburt und Tod (*samsāra*), sie fesseln dich an diese irdische Existenz. Der gigantische Baum genannt „Welt-verhaftetes-Ich“ hat zwei Samen: Verlangen (*vāsanā*) und Lebensenergie (*prāna*). Aus den Samen entsteht der Baum, und der Baum bringt Samen. Die Lebensenergie kommt ins Fließen durch das Verlangen, das Verlangen wird wirksam kraft der Lebensenergie. Wird das eine von beiden vernichtet, ist damit das andere auch vernichtet.

Willst du deinen Geist von den bindenden Einflüssen befreien, mußt du zunächst die Unwissenheit (*ajnāna*) umwandeln.

Unwissenheit ist nie allein, sie hat einen Abkömmling: das Ego (*ahamkāra*). Diese dämonische, Spaltung bewirkende Tendenz (*asura*) hat wiederum zwei Kinder: Leidenschaft (*rāga*) und Verlangen (*vāsanā*).

Leidenschaft und Verlangen bedingen sich gegenseitig. Wie die Leidenschaft, so das Verlangen. Sie sind Zwillingsgeschwister. Leidenschaft bedeutet Gefühlswallung, Bindung oder Anziehung. Sie verursacht das Gefühl, etwas für sich haben zu wollen. Dieses Gefühl bringt Wünsche hervor, und aus Wünschen entstehen Sorgen.

Mit der Auflösung des Egos werden auch diese beiden – Leidenschaft und Verlangen – ausgemerzt. Zuallererst muß die Unwissenheit aufgehoben werden, denn dadurch allein wird das Ego ausgelöscht.

Wie besiegt man nun aber Unwissenheit und wandelt sie um in wahres Wissen (*sujnāna*)? Das ist die Frage! Die Antwort ist einfach: durch die Versenkung in das wahre Selbst, Meditation. Der Sieg über die Unwissenheit bedeutet gleichzeitig den Sieg über Ego, Leidenschaft und Verlangen und führt so zur Befreiung (*moksha*) der Seele (*jīvī*).

Wer sich von seinen Wünschen knechten läßt, entbehrt des wahren Wissens (*jnāna*). Er ist in Wahrheit ein Schwächling! Aber zu seinem Trost sei ihm gesagt, daß er deswegen nicht in Panik zu geraten braucht. Sobald er seine Wünsche fallengelassen hat, kann er sein göttliches Wesen, welches er durch Vernachlässigung verloren hat, zurückgewinnen.

ॐ

Das subtile Verlangen (*vāsanā*) erobert das Reich des Herzens und löst dort eine Kettenreaktion aus. Es ruft die Erinnerung an vergangene Freuden wach, und sogleich beginnst du, dich wieder nach ihnen zu sehnen. Deine Wünsche setzen nun deine Sinne und ihren Anführer, das weltverhaftete Gemüt (*manas*), in fieberhafte Aktion. Aus diesem Kreislauf gibt es dann kein Entrinnen mehr. Man wird aktiv, um sich die ersehnten Dinge zu verschaffen und sie zu genießen. All das geschieht im Bruchteil einer Sekunde. So unmerklich und stark wirken die Impulse!

Ebenso wie im Samen eines Baumes bereits sein Stamm, seine Äste, Zweige, Blätter, Blüten und Früchte latent enthalten sind, so schlummern im Verlangen schon seine Folgen. Wünsche sind die Urheber allen vergänglichen Glücks. Sind keine Wünsche vorhanden, bleiben Kopf und Herz ungetrübt, klar und rein. Sind sie aber da, ist es aus mit der Klarheit. Wünsche sind Hindernisse auf dem Pfad zur Wahrheit, zum Selbst und zur Unsterblichkeit. Das von Verlangen befreite Bewußtsein ist transformiert worden und nicht länger „Welt-Ich".

ॐ

Die materielle Schöpfung (*prakriti*) ist der Wirkungsbereich des Verlangens. Die Tendenz unseres Welt-Ichs, sich zu binden, ist verantwortlich dafür, daß es sich von der materiellen Natur und den Dingen der Welt angezogen fühlt. Aufgrund des Verlangens beginnt es, sich mit den Dingen zu befassen und über ihre Eigenschaften nachzusinnen. Jemand, der überhaupt keine Wünsche hat, wird in seinem Denken und Fühlen nicht von der gegenständlichen Welt beeinflußt.

Das Welt-Ich gleicht einem Stück Stoff, welches jede Farbe annimmt, mit der es in Verbindung kommt. Neigungen reiner (*sattva*) Natur machen es weiß, solche von der dynamischen, überaktiven (*rajas*) Art färben es rot, während dumpfe (*tamas*) Neigungen ihm eine schwarze Färbung geben. Unser Welt-Ich wird gebildet von den Neigungen, welche in ihm sind. Um sie auszulöschen, muß man sich in Meditation und Konzentration üben. Das Welt-Ich ist nichts als ein Geflecht von Wünschen.

ॐ

Einige Schüler des spirituellen Weges fragen sich, warum sich trotz jahrelangen beständigen Übens in Meditation und Konzentration immer noch kein Erfolg gezeigt hat. Nach dem Grund dafür brauchen wir nicht lange zu suchen, er liegt einfach darin: Sie haben es noch nicht geschafft, ihre Wünsche und Gewohnheiten (*vāsanās*) auszumerzen! Deswegen sollten sie sich erst einmal darum bemühen, tiefsitzende Wünsche ans Licht zu holen und auszuräumen. Wappnet euch mit stärkerem Glauben und handelt!

ॐ

Wenn ein spiritueller Aspirant hin und wieder von störendem Verlangen geplagt wird, muß er es mit Hilfe von Willenskraft und spiritueller Disziplin überwinden. Ein zu Lebzeiten Befreiter (*jīvanmukti*) hat sein Verlangen ausgebrannt, aber der spirituelle Aspirant, welcher ein Familienleben führt (*grihastha*), kultiviert es. Es nützt nichts, es nur unter Kontrolle zu haben. Eine Kobra ist erst dann nicht mehr gefährlich, wenn man ihr die Giftzähne gezogen hat. In ähnlicher Weise müssen die Wurzeln der Wünsche ausgebrannt werden. Erst dann kann man den göttlichen Urgrund (*brahman*) erfahren.

Gewiß, selbst spirituell förderliche Wünsche stellen eine Bindung dar. Aber sie bewirken keine Störungen – wie groß ihre Zahl auch immer sein mag. Einen Dorn entfernt man mit Hilfe eines anderen, und zum Schluß wirft man beide fort, so ist es doch, nicht wahr? Ebenso muß man nach der Überwindung der hinderlichen durch förderliche Wünsche endlich beiden entwachsen. Das bedeutet, daß selbst der reinste aller Wünsche, der Wunsch nach Befreiung (*moksha*), mit der Zeit vergehen muß. Erst dann kannst du DAS (das Göttliche) werden.

Ob aus Eisen oder aus Gold – Fessel bleibt Fessel. Man muß sich von beiden befreien! Das heißt, man muß ein Stadium erreichen, wo man weder vom Guten angezogen noch vom Bösen abgestoßen wird.

Jeder, der es sich zum Ziel gesetzt hat, Gott zu verwirklichen, sollte daran arbeiten, seine Wünsche abzubauen, sein Denken und Fühlen zu zügeln und das grundlegende Seinsprinzip zu verstehen. Eins allein führt noch nicht zur Befreiung. Im zu Lebzeiten Befreiten (*jīvanmukta*) existiert auch weiterhin Verlangen, aber gleichsam wie geröstete Samen. Es führt nicht zu erneutem Geborenwerden.

Der feinstoffliche Körper des Menschen ist das Unwissende (*ajnānī*), der Träger des Nicht-Wissens. Er ist durchtränkt von Wünschen, übernommenen Denkmustern und Prägungen. Das Selbst (*ātman*) ist davon frei. Es ist ewig rein und unberührt. Es hat kein Geschlecht, keine Gedanken und Gefühle, keine Sinne und keine Gestalt. Nicht nur das: Es besitzt nicht einmal Lebensenergie (*prāna*). Man könnte von Ihm auch nicht sagen, ob Es lebendig ist oder tot. Wie könnte die meditative Versenkung in das Selbst jemals anders als rein sein? Können Licht und Finsternis zusammen existieren? Können Reinheit und Unreinheit eins sein?

Von allen Werkstätten der Welt ist der Körper des Menschen die wunderbarste, denn er ist der Altarschrein des Herrn. In solch einer Werkstatt werden Wünsche zu Gelübden veredelt, Unreinheiten ausgewaschen, das Verlangen, Gutes zu tun, wird gebildet und gute Gedanken kultiviert. Das wichtigste Ziel ist es aber, alles Verlangen zu entfernen, wenngleich das auch eine schwierige Aufgabe sein mag.

Berge lassen sich leichter abtragen als tief verwurzelte Muster und Gewohnheiten (*vāsanās*)! Aber mit Willenskraft und Eifer, unterstützt durch Glauben, kannst du ihrer in kurzer Zeit Herr werden. Du darfst nur nicht in deiner Entschlossenheit und deinem Glauben wanken, wie groß auch immer der Verlust, die Mühe oder das Hindernis sein mögen! Erinnere dich stets daran: Deine Neigungen und Wünsche übermannen dich und drücken dich zu Boden, als seiest du ihr Sklave. Opium und Alkohol machen dich abhängig und halten dich fest in ihrem Griff – aber nur für eine bestimmte Zeit. Die Bedürfnisse deines Welt-Ichs dagegen haben dich ein Leben lang in ihrer Gewalt! Der ganze Sinn und Zweck der Meditation ist es, sich von diesen mächtigen und vielschichtigen Wünschen zu befreien.

ॐ

Menschen, die sich von ihren Wünschen und Trieben beherrschen lassen, laufen herum wie Betrunkene, bar jeder Fähigkeit, das Richtige vom Falschen und das Wahre vom Unwahren zu unterscheiden. Der übermächtige Einfluß ihrer Wünsche läßt sie vergessen, was für böse Folgen es hat, wenn man ihnen nachgibt. Sie kennen weder Scham noch Furcht, sondern ergötzen sich einfach daran, irdischen Genüssen nachzujagen und immer mehr Dinge anzuhäufen, die ihnen Annehmlichkeiten bieten. Sie suchen Luxus um des Luxus willen. Für Menschen, die so tief in ihre Wünsche verstrickt sind, ist die Intelligenz ein überflüssiger, funktionsloser Besitz. Dadurch, daß man ständig den sinnlichen Genüssen frönt, verfestigen sich die Wünsche und schlagen immer tiefere und festere Wurzeln.

Aus diesem Grund rät die *Gītā*, nicht nach den Früchten des Tuns Ausschau zu halten. Wünsche (*vāsanās*) werden dadurch verstärkt, daß man immer schon den Lohn der Tätigkeit, der man gerade nachgeht, im Sinn hat. Das macht einen selbstgefällig und stolz, und man wird stets versuchen, anderen seinen Stolz unter die Nase zu halten.

Starke Wünsche können einen Menschen versklaven. Unter ihrem Einfluß begeht er die niedrigsten Missetaten, nur um reich zu werden und genug Geld für ihre Befriedigung zu bekommen. Für ihn wird der Mammon zum Gott.

Ein gewisser Wohlstand ist natürlich wichtig, aber Überfluß, der Sorgen, Angst vor Verlust und Kopfschmerz mit sich bringt, ist ganz und gar nicht erstrebenswert. Man sollte es nicht darauf abgesehen haben, übermäßige Besitztümer anzuhäufen.

ॐ

Ebenfalls zur Kategorie schädlicher Wünsche gehört die Sucht, von anderen gelobt zu werden und jeder Kritik aus dem Weg zu gehen. Die Welt ist ein Krähennest: Die einen krächzen Lob, die anderen Spott. Du aber sollst dich außerhalb der Reichweite jedes Lobes oder Tadels begeben! Mache dir nichts aus Lob. Betrachte es als etwas, was andere ausgespuckt haben. Nur so kannst du wirklich frei und glücklich sein.

Und wie steht es mit dem Tadel? Du siehst, die Welt hat mit ihrer Bosheit nicht einmal vor Gottheiten und göttlichen Inkarnationen wie *Rāma, Krishna, Vishnu, Shiva* und Baba haltgemacht. Selbst von ihnen sprechen die Menschen schlecht! Selbst vollkommenen Wesen werden schlechte Motive unterstellt. Kann man von solch böswilligen Leuten Achtung vor gewöhnlichen Sterblichen erwarten? Jeder Vorwand ist ihnen recht. Der Weiße haßt den Schwarzen, der Schwarze den Weißen. Ein Anhänger der einen Religion nimmt Anstoß an der des anderen. Angehörige einer Konfession verbreiten unwahre Gerüchte über Angehörige der anderen.

Gleichwie ein jeder seine eigene Religion, seine Heimat und sich selbst liebt, so liebt er auch seine spezifische Art der Gottesverehrung mit all ihren äußeren Formen und Zeremonien. Diese Vorliebe artet aber leicht dazu aus, daß man sein eigenes Glaubensbekenntnis hochlobt und das des anderen herabsetzt. Solche Angewohnheiten (*vāsanās*) zählen zu

Recht zu den störenden (*malina*), auch wenn sie sich auf das Verhältnis zu Gott beziehen.

Solch eine niedere, von Unwissenheit geprägte Gesinnung muß aus der Welt geschafft werden durch Namensrezitation und Meditation, denn sie erfüllen das Herz mit der entgrenzenden Erfahrung des Selbst (*ātmajnāna*). Sie bringen die kleinlichen, egoistischen Wünsche zum Verschwinden, indem sie sie in heilige umwandeln.

ॐ

Es ist verwunderlich, warum sich die Menschen nicht mehr Mühe geben, sich von ihren schädlichen Angewohnheiten (*malina vāsanās*) zu befreien, denn dadurch, daß sie ihnen nachgeben, geraten sie doch nur in Leid, Sorge und Elend! Der täuschende Effekt ihrer Triebe und Wünsche macht sie glauben, sie befänden sich auf dem rechten Weg zu ihrem Ziel, dem Glück. Aus diesem Grunde zögern sie, sie aufzugeben und halten versessen an ihnen fest. Wenn sie ein paar gute spirituelle Bücher lesen würden, ginge ihnen bald ein Licht auf! Wenigstens die Essenz der Heiligen Schriften sollten sie begreifen, denn die Menge der spirituellen Lehrbücher (*shāstras*) ist unüberschaubar, die Zeit reicht nicht aus, alle zu lesen, und die Schwierigkeit, sie zu verstehen, ist auch erheblich.

Aber was nützt es, sich mit Buchwissen vollzustopfen und zungenbrecherische Texte auswendig zu lernen; was nützt es, über die verschiedenen Arten der Gottesverehrung zu lesen, wenn nichts davon in die Tat umgesetzt wird? Es ist vergebliche Mühe! Auch die Tendenz, seine Zeit mit theoretischem Lesen und Studieren zu verbringen, verdient es, als schlechte Angewohnheit verurteilt zu werden.

ॐ

Bharadvāja studierte drei Leben lang die Veden. Als er zum vierten Mal auf die Erde gekommen war, begann er wiederum zu lesen. Da kam Indra zu ihm, lehrte ihn das Wissen vom kosmischen Urgrund (*brahma-vidyā*) und offenbarte ihm das Geheimnis der Befreiung. Daraufhin machte Bharadvāja Schluß mit Lesen und Studieren und begann fleißig und konzentriert zu meditieren. Er erreichte die Einheit mit Gott. Diese Geschichte zeigt uns, daß alles Studieren ein nutzloses Unterfangen ist, wenn die Essenz der Lehre nicht aufgenommen und praktisch angewendet wird.

Die Sucht, über alle möglichen Themen zu lesen, ist an sich schon kein besonders gesunder Drang. Mit einer Wagenladung Bücher in seinem Gepäck besuchte der weise Durvāsa einst Shiva. Nārada kam dazu und schalt ihn einen Esel, denn ein übertriebener Hang zu Büchern ist an sich schon ein Durvāsanā, eine nicht erstrebenswerte Angewohnheit. Nārada sagte: „Auch wenn einer ungezählte Bücher über alle Gebiete des Wissens gelesen hat: die Lehre, die in ihnen enthalten ist, kann er ohne praktische Erfahrung doch nicht begreifen. Der Stolz auf bloße Gelehrsamkeit gehört zu der schädlichen Neigung der Habgier." Durvāsa verstand. Er warf seine Bücher in den Ganges und versenkte sich in das Selbst. Seht!, die Weisen fühlen es: Die Meditation ist das wichtigste Mittel zur Erlangung vollkommenen Wissens!

Es ist unmöglich, die Wahrheit des Selbst zu erfahren, indem man Bücher darüber liest, sich zu einem Gelehrten entwickelt, seinen Intellekt schärft oder sich in dialektische Diskussionen einläßt. Mit diesen Mitteln läßt Gott sich nicht erkennen.

Shvetaketu, der Sohn Uddālakas, war ein hervorragender Gelehrter (*pāndita*). Eines Tages rief der Vater ihn zu sich: „Shvetaketu, hast du die Erkenntnis gewonnen, welche alle andere erübrigt?“ Der Sohn entgegnete, er habe nichts derartiges gehört und auch nichts darüber gelesen. Da führte Uddālaka ihn ein in die unvergleichliche Weisheit, welche dem Menschen die Erkenntnis des absoluten Urgrundes (*brahma-vidyā*) verleiht.

ॐ

Zunächst einmal sollte man die Gewohnheiten und Funktionsweisen der eigenen Psyche begreifen, mit all ihren Tendenzen und eingeschliffenen Mustern. Erst dann kann man seinen Geist kontrollieren und beherrschen lernen und Gedächtnis, Willen und Vorstellungskraft reinigen und höherentwickeln.

ॐ

Unbeständigkeit ist das Wesensmerkmal des menschlichen Geistes. Er ist schnell wie der Wind. Deshalb beschrieb ihn Arjuna so: „O Krishna! Wie sprunghaft doch der Geist des Menschen ist! Er verändert sich schnell und mit Macht. Es ist zu schwer, ihn zu beherrschen!“ Daraufhin antwortete Krishna: „Arjuna, was du sagst, trifft sicher zu. Aber durch ununterbrochene Achtsamkeit, Selbstbeherrschung und Entsagung ist es möglich, ihn in die Gewalt zu bekommen. Darum tue den ersten Schritt und übe dich in Meditation!“

ॐ

Impulse und Wünsche muß man zügeln, um Herrschaft

über den Geist zu erlangen. Wünsche erregen das Gemüt und lassen es auf die Sinne einstürmen wie ein Hund, der seinem Herrchen nachrennt. Die Seele des Menschen (*jīva*), die arme, geht der Täuschung (*māyā*) ins Netz, welche eine Schöpfung der die Wirklichkeit verzerrenden Sinne und des nach Freuden verlangenden Welt-Ichs ist! Um all diesen Qualen zu entgehen, mußt du in der Meditation Zuflucht suchen; sie befreit dich aus den Fängen des Verlangens und aus der Sklaverei deiner Sinne. Übe dich in Meditation und Namensrezitation! Dann kannst du deinen Willen, dein Gedächtnis und auch dein Vorstellungsvermögen in der richtigen Weise entwickeln.

Ohne Meditation ist es nicht möglich, die Gedanken und Gefühle unter Kontrolle zu bekommen. Alle anderen Methoden gleichen dem Versuch, einen wilden Elefanten mit Nähgarn festzubinden. Meditation ist wichtig, um das Welt-Ich im göttlichen Selbst (*ātman*) aufgehen zu lassen.

Darum sollst du dich als erstes von deinen Wünschen lösen. Einige Schüler des spirituellen Weges, die ein Familienleben führen, gönnen sich ein paar kleine Genüsse zu ihrem Privatvergnügen, während sie alle anderen aufgegeben haben. Selbst diejenigen unter den Verheirateten, die konsequent ihre Übungen in Konzentration (*dhārana*) und dergleichen verrichten, tun sich schwer, gewisse Wünsche loszulassen und geben ihnen insgeheim doch nach. So verausgaben sie ihre Energien und erzielen geringen Fortschritt in ihrer spirituellen Disziplin. Diese Aspiranten rutschen die Leiter, welche sie so mühsam erklommen haben, wieder hinunter.

Um solcher Unbeständigkeit abzuhelfen, ist die Meditation das beste Mittel. Es ist nicht genug damit getan, einen der Sinne zu besiegen – alle müssen auf allen Ebenen und in jeder Hinsicht gemeistert werden! Natürlich ist das sehr schwer. Vielleicht möchtest du gleich die Flinte ins Korn werfen, aber laß dich nicht entmutigen! Sei geduldig und standhaft. Der Sieg ist dir sicher.

Nur solltest du nicht wie so mancher Aspirant den Weg der Selbstdisziplin verlassen, sobald du merkst, daß du nicht in dem Maße vorwärtskommst, wie du es erhofft hattest. Das ist nicht der Pfad, der zum Sieg führt. Halte durch! Sei geduldig – letztendlich wirst du siegen.

ॐ

Unser launenhafter Geist schweift mal hierhin, mal dorthin. Aber mit Hilfe beständiger Disziplin und beharrlichen Trainings in spirituellen Übungen ist es möglich, ihn auf ein festes Ziel auszurichten. Das ist der Zustand, welchen man „Sammlung" (*ekāgratā*) oder „Konzentration" (*dhārana*) nennt. Ein anschauliches und passendes Symbol für den Prozeß der Konzentration ist das Bild vom ununterbrochen fließenden Öl.

Neulingen auf dem spirituellen Pfad will die Konzentrationsübung sehr schwer erscheinen. Wenn sie eine Zeitlang geübt haben, fahren sie gewöhnlich nicht damit fort, sondern lassen sie wieder fallen. Aber sie werden merken, daß sie an den Tagen, wo sie ihre Übung nicht gemacht haben, schwerlich zum inneren Frieden finden.

Die Übung in Konzentration erfüllt dich mit göttlicher Freude und Weisheit; sie verleiht dir das innere Auge, Einblick in die tieferen Wahrheiten und ein besseres Verständnis, und schließlich führt sie dich zur Einswerdung mit dem Göttlichen. Die Wissenschaft der spirituellen Übungen ist wunderbarer als alle drei Welten zusammen!

ॐ

Unser Verstand ist imstande, im Bruchteil einer Sekunde ausgedehnte Räume zu durchqueren, unzählige Handlungen zu planen und schon in Gedanken auszuführen. Mit unvorstellbarer Geschwindigkeit greift er eine Sache auf, spielt ein wenig damit und läßt sie wieder fallen zugunsten einer anderen Sache, die einen noch stärkeren Reiz auf ihn ausübt, zu der er sich hinflüchtet oder über die er sich Sorgen zu machen beginnt.

Der spirituelle Schüler muß vor dieser Tendenz seines Geistes stets auf der Hut sein. Wenn seine Gedanken während der Meditation von einem Gegenstand zum anderen springen, muß er sie auf den richtigen Weg und zum richtigen Gegenstand zurückführen. Das ist die korrekte spirituelle Disziplin, der Weg der Konzentration und Meditation. Unterläßt es der Aspirant jedoch, um seine Zielgerichtetheit zu kämpfen, und gestattet er seinen Gedanken, den Launen des Gemüts mal hierhin, mal dorthin zu folgen, dann kann man diesen Zustand nur als Affen-Meditation (*markata-dhyāna*) bezeichnen! Sie schadet dem spirituellen Fortschritt.

Kurz gesagt, das Hauptziel von Konzentrationsübung und Meditation ist es, das Umherwandern der Gedanken auf ein Minimum zu beschränken und sie dazu zu zwingen, sich nicht vom Fleck zu rühren. Wenn es gelungen ist, sie festzumachen, sollte man mit seiner Übung noch lange fortfahren. Dann wird man grenzenlosen Frieden und unendliche Freude erfahren.

Um dir zu erklären, was es bedeutet, mit deinen Gedanken bei einem Gegenstand zu bleiben, hier ein Beispiel: Meditierst du über einen Tisch, dann verweilen deine Gedanken bei seinem Holz, seiner Höhe, seinen Maßen, seinem Stil, der Art der Arbeit und was sonst noch alles zum Tisch gehört. Du darfst keinen Gedanken zulassen, der nichts mit dem Thema „Tisch“ zu tun hat. Wenn deine Gedanken aber doch zu einem anderen Gegenstand, zum Beispiel zur Couch, abwandern, verschwimmt deine Vorstellung vom Tisch, und auch die Couch kannst du dir nur nebelhaft vorstellen. Beide Gegenstände gehen ineinander über. Deine Gedanken sollten aber auf ein einziges Ziel gerichtet sein.

Auch wenn du über die Form des Herrn meditierst, sollen deine Gedanken bei jedem einzelnen Teil Seiner Gestalt, bei Seiner Schönheit und Herrlichkeit verweilen. Diese Vorstellungen müssen ineinandergreifen und sich zu einem vollständigen Bild zusammenfügen. Das ist die richtige Vorgehensweise beim Meditieren.

Konsequentes Üben solcher Meditation wird darin resultieren, daß sich eine bestimmte Form Gottes (*rūpa*) in deinem Bewußtsein herausbildet. Wenn du diese Form meditativ betrachtest, sie tagaus, tagein anschaust und innerlich vor dir siehst, wirst du schließlich ein Stadium erreichen, wo die Form verschwindet und du dein Ich vergißt. Das ist die Erfahrung der Einheit mit Gott (*samādhi*).

Jenes Stadium, in welchem nur eine einzige Vorstellung, nur eine einzige Empfindung übriggeblieben ist, heißt „Einheit verbunden mit einer Vorstellung“ (*savikalpa-samādhi*). Wenn nicht einmal mehr eine Empfindung oder ein Gedanke geblieben ist, befindest du dich in dem Zustand, welchen Patanjali in seinem „*Rāja-Yoga-Shāstra*“ mit „*Bhāva-nāshana*“, das heißt dem „Ende jeder Vorstellung“ bezeichnet hat.

Das menschliche Denkvermögen besitzt von sich aus keine Aktivität. Ebenso wie Wasser, welches ja an sich inaktive (*jada*) Materie ist, zu glitzern beginnt, wenn Lichtstrahlen hineinfallen, so entleiht sich das Denkvermögen Leuchtkraft vom Selbst und erscheint uns so, als besäße es ein ihm eigenes Bewußtsein (*caitanya*). Im Denkvermögen spiegelt sich die höhere Intuition (*buddhi*) wider, und so sieht es aus, als wäre es intelligent, das ist alles. Sein eigentliches Wesen ist Unwissenheit (*ajnāna*).

Der menschliche Geist leuchtet nicht aus sich selbst heraus wie das Selbst (*ātman*). Seine Leuchtkraft ist die eines Glühwürmchens verglichen mit dem Glanz des Selbst, welches die Sonne aller Sonnen, der Glanz in allem Glanze ist; Es ist das höchste Licht (*parama-jyotish*); Es ist das einzige, was aus sich selbst heraus leuchtet (*svayam-jyotish*).

ॐ

Wenn du meditierst, darfst du es deinem Geist nicht gestatten, sich vom Gegenstand der Meditation fortzubewegen. Immer, wenn er ausreißt, mußt du ihn zurückholen. Im fortgeschrittenen Stadium deiner Meditation kannst du, wenn du willst, alle Dinge im Gegenstand der Meditation zusammenfließen lassen; am Anfang jedoch darfst du nur über eine bestimmte Form meditieren und sie nicht beliebig gegen andere auswechseln.

Noch einmal sei es betont, daß du während deiner spirituellen Übungen nicht an Dinge denken sollst, die dir widerstreben, die dir Wehmut bereiten oder deinen Glauben ins Wanken bringen. Wenn sich solche Gedanken einschleichen sollten, übe dich darin, sie allmählich als etwas Hilfreiches anzunehmen. Versuche, das Gute in ihnen zu sehen anstelle des Schlechten.

ॐ

Deine Sinnesorgane können von sich aus nicht aktiv werden. Sie sind nicht selbständig, sondern abhängig vom Denken. Wenn man also seine Gedanken und Gefühle unter Kontrolle hat, kann man auch die Sinne beherrschen. Nun gibt es Leute, die nur ihre Sinnesorgane kasteien, in der Annahme, damit ihr Verlangen bezwingen zu können! Sie wissen nicht, worum es in Wirklichkeit geht. Die eigentlich wirksame Disziplin besteht im Auflösen der Wünsche und Angewohnheiten.

Wie aufmerksam die Wächter eines Hauses auch sein mögen – ein gerissener Dieb findet immer noch eine Möglichkeit, etwas zu stehlen. Wie geschickt du es auch anstellen magst, deine Sinnesorgane zu beherrschen – deine Wünsche werden es doch fertigbringen, sie auf ihre Seite zu ziehen und mit ihrer Hilfe das auszuführen, wonach dir der Sinn steht. Bedenke, daß selbst der Weise Vishvamitra trotz strengster Askese den verführerischen Nymphen (*apsaras*), die Indra ausgesandt hatte, um ihn in Versuchung zu führen, zum Opfer fiel!

Wenn nur die äußere Tür verschlossen ist, die innere aber unverriegelt bleibt, ist das Unglück so gut wie geschehen. Erst wenn du beide, die äußere sowie die innere, sicher verriegelt hast, kannst du beruhigt schlafen, denn keinem noch so durchtriebenen Einbrecher wird es gelingen, einzudringen und Schaden anzurichten.

Der spirituelle Schüler muß zunächst seine äußeren Sinne beherrschen lernen, dann sollte er sein Welt-Ich, welches ganz in seinen Beziehungen zu den Sinnesobjekten (*vishaya*) aufgeht, mit Hilfe der Tugenden des inneren Friedens (*shānti*) und der Wunschlosigkeit (*vairāgya*) unter Kontrolle bringen. Hat er das vollbracht, kann er wahre göttliche Freude (*ānanda*) erfahren und das Selbst (*ātman*) in Seiner wirklichen Gestalt (*rūpa*) schauen. Darum sagte Krishna, die Verkörperung des Selbst, einst zu Arjuna: „Jene, die danach trachten, Meisterschaft über ihre Sinne zu erlangen, müssen ihr ganzes Sein vollständig Mir hingeben!“

Die Sinne sind, ihrem Wesen entsprechend, immer nach außen gerichtet. Sie sind versessen auf äußere Kontakte. Deshalb ziehen sie den Unwissenden ständig zu Dingen hin, die außerhalb seiner selbst liegen. Darum muß der Schüler des spirituellen Weges kraft seines Unterscheidungsvermögens und seiner Enthaltsamkeit seine Sinne daran hindern, ihn nach außen zu lenken. Er muß ihre Ausbruchversuche unterbinden, geradeso, wie der Wagenlenker es mit den rasenden Pferden tut, indem er Peitsche und Zügel gebraucht. Ungebändigte Sinne richten größten Schaden an. Menschen, die sich in ihren Klauen befinden, können sich nicht in Meditation versenken – nicht eine Sekunde.

ॐ

Eine Form Gottes (*rūpa*) ist unentbehrlich für Meditation und Konzentration. Selbst wenn sich die Form nicht konkret vor dir befindet, solltest du imstande sein, sie dir bildlich vorzustellen. Das wird dir nicht schwerfallen, wenn du dich richtig konzentrierst. Es gibt aber einige, die Konzentrationsübungen (*dhārana*) betreiben, ohne vorher gute Gewohnheiten und Verhaltensweisen angenommen zu haben. Das ist ein Zeichen dafür, daß ihr Wissen noch unvollständig ist.

Konzentrationsübungen sollten im Geist der Lauterkeit und Reinheit (*sattvaguna*) stattfinden. Erst muß das Gemüt gereinigt werden, und zwar durch entsprechende Arbeit am eigenen Charakter, und das heißt durch die Pflege guter Gewohnheiten. Erst kommt die Reinigung des Charakters, dann die Konzentrationsübung, nicht umgekehrt. All dein Bemühen um Konzentration auf einen Punkt bleibt Zeitverschwendung, wenn du nicht vorher deinen Charakter geläutert hast. Viele bedeutende Menschen sind gescheitert, weil sie sich zu früh um die Konzentration auf einen Punkt bemühten, ohne sich vorher der Disziplin der Pflege guter Gewohnheiten unterworfen zu haben.

ॐ

Noch einmal sei gesagt, daß du darauf achten mußt, nichts zum Gegenstand deiner Konzentration zu machen, was dein Gefühl nicht voll und ganz akzeptiert, denn so sehr du dich auch anstrengen magst – deine Gedanken werden doch nicht dabei bleiben. Aus diesem Grund sollst du anfangs etwas zum Gegenstand wählen, was dich mit Freude erfüllt!

Setze dich im Lotussitz (*padmāsana*) nieder und richte deinen Blick auf die Nasenspitze. Erst eine Minute lang, dann drei; ein paar Tage später sechs – bis hin zu neun Minuten. Auf diese Weise wird deine Konzentration langsam aber sicher stärker. Im Laufe der Zeit wirst du sie sogar eine halbe Stunde lang aufrechterhalten können. Du darfst nur nichts erzwingen wollen. Die Disziplin muß sich beständig und ohne Eile entwickeln. Durch die praktische Übung wird dein Geist mit der Zeit ruhig, und die Kraft deiner Konzentration wächst.

Um in die Sammlung und die Konzentration auf ein einziges Ziel zu kommen und Zielgerichtetheit zu erlangen, bleibt dir einige Mühe nicht erspart. Du mußt deine Gedanken immer beim Herrn halten und alles andere aus deinem

Sinn verbannen. Wenn du auf diese Art fortfährst zu üben, wird sich dein inneres Auge fest auf den Gott richten, der in deinem Herzen wohnt. Das ist das Ziel und die Erfüllung der Meditation.

Konzentration (*dhārana*) wird in den Yoga-Lehrbüchern definiert als die konstante Fixierung des Geistes auf ein einziges Objekt. Schon die Konzentration allein kann der Meditation zum Erfolg verhelfen. Ihr Wesen ist Ausrichtung auf ein Ziel; ihre Kraft vertreibt den Wankelmut des Geistes. Sie ist eine Tochter der göttlichen Freude (*ānanda*).

ॐ

Der Name Gottes ist wesentlicher Bestandteil der Meditation. Schon er allein kann dir rasch zum Erfolg verhelfen. Selbst wenn es dir anfangs an tiefem, vollkommenem Glauben mangeln sollte, darfst du den Namen doch nicht aufgeben oder gegen einen anderen austauschen. Beständiges Praktizieren bringt dich sicherlich zum Ziel.

ॐ

Meditation ist spirituelle Kraft. Sie ist die Macht, welche dich von der Krankheit (*bhāvaroga*), immer wieder in den Strudel der Sinnenwelt und in den Kreislauf von Geburt und Tod (*samsāra*) hineingerissen zu werden, heilt. Aber du mußt unbedingt darauf achtgeben, die gefährlichen Stolpersteine auf dem Pfad zu meiden, wie Zorn, Stolz, Hochmut und die Neigungen, Fehler bei anderen zu suchen, Unheil zu stiften und andere schlechte Eigenschaften. Diese Tendenzen sind selbst im Unterbewußten aktiv wie Strömungen in den tiefen Schichten des Meeres.

ॐ

Der Schüler des spirituellen Weges muß sich in acht nehmen, daß er nicht schon bei geringfügigen Anlässen in Zorn gerät, denn damit blockiert er seinen Fortschritt. Er muß allen Liebe und Sanftmut entgegenbringen. Dann werden hinderliche Eigenschaften von ihm abfallen, denn der Zorn ist der Vater allen fehlerhaften Verhaltens. Zorn kann jeden Menschen jeden Moment und auf alle erdenkliche Art und Weise das Falsche tun lassen. Deshalb sollte er als erstes systematisch umgewandelt werden.

ॐ

Einer, der den spirituellen Weg geht, muß es freudig begrüßen, wenn ihn jemand auf seine Unzulänglichkeiten aufmerksam macht; er sollte sich dafür bedanken. Er darf Menschen, die ihn auf seine Schwächen hinweisen, nicht ablehnen oder gar hassen, denn das wäre ebenso schlimm, als wenn er das „Gute“ haßte. Das Gute sollst du lieben und das Schlechte abschütteln. Denke stets daran, daß du keine Haßgefühle gegen das Böse hegen sollst. Du brauchst es nur von dir abfallen zu lassen und es meiden. Nur die Menschen, welche das beherzigen, können Erfolg in der Meditation haben und spirituelle Weisheit erlangen.

ॐ

Eitelkeit und Eifersucht, die vermessene (*rajas*) Zurschaustellung der eigenen Überlegenheit, Zorn, Unehrlichkeit und die Sucht, etwas über Schwächen und Versagen anderer zu erfahren – all dies sind Fallstricke auf dem Weg der Meditation. Auch wenn sie nicht offen zutagetreten, so schlummern diese Neigungen, die einen vom rechten Weg abbringen, doch im Unterbewußten.

Wenn du ein Zimmer öffnest, welches lange verschlossen war, bemerkst du schon beim Eintreten eine dicke Staubschicht auf allen Gegenständen und einen üblen Geruch. Als erstes mußt du es durch „Stöbern" sauber und bewohnbar machen. Ebenso muß auch unser Unterbewußtes mit Hilfe der Meditation gesäubert werden.

Der spirituelle Aspirant muß durch Selbstbeobachtung seine Gedanken und Gefühle auf ihre Inhalte und Intensität hin prüfen. Die angesammelten Verschmutzungen kann man durch geeignete gute Gewohnheiten nach und nach entfernen. Dünkel ist zum Beispiel eine sehr tief wurzelnde Tendenz, die sich nicht leicht entfernen läßt. In einem Gemüt von stark nach außen gehender, dynamischer (*rajas*) Eigenschaft treibt er mancherlei Zweige und Ableger in alle möglichen Richtungen. Zeitweise mögen sie ausgetrocknet und wie abgestorben aussehen, aber sie schlagen mit Leichtigkeit wieder aus. Sobald sich eine Gelegenheit bietet, wird die Schlange ihr Haupt wieder erheben. Deshalb muß ein Aspirant immer wachsam sein!

ॐ

Was Zorn und Ärger angeht, so muß man selbst bei den geringsten Anlässen, die ihn herausfordern könnten, auf der Hut sein, denn der Unachtsame kann spirituell nicht weiterkommen. Menschen, die zum Zorn neigen, müssen eine demütige, liebevolle innere Einstellung kultivieren. Dann werden ihre schlechten Eigenschaften verschwinden.

Einige Aspiranten ärgern sich, wenn jemand ihre

schlechten Charaktereigenschaften entdeckt und sie darauf anspricht. Ihr Ärger macht alles noch ärger! Auf dem spirituellen Weg muß man auf's eigene Innere schauen. Wer seinem Gewahrsein erlaubt, von sich selbst wegzusehen, kann seine eigenen Fehler nicht bemerken. Stolz behindert den Blick ins eigene Innere und unterbindet so die Überprüfung der eigenen Gemütsregungen. Wenn dem spirituellen Aspiranten daran gelegen ist, Erfolg zu haben, muß er sich vor allen verbeugen, die ihm seine Fehler zeigen, denn mit ihrer Hilfe kommt er schnell und sicher voran. Aber er muß sich auch darum bemühen, seine Fehler loszuwerden!

ॐ

Es ist sehr schwer, Selbstüberschätzung und Egoismus (*ahamkāra*) abzulegen. Das bedarf harter Arbeit, denn jeder Mensch hat ja schon vor Anbeginn der Zeit damit angefangen, sein jetziges Leben zu gestalten. Jeder hat seinem Geist ganze Zeitalter hindurch gestattet, die Richtung einzuschlagen, die ihm paßte. Deshalb ist es jetzt so schwer, ihn von seiner gewohnten Bahn abzubringen und in neue Gleise zu lenken.

Ein Mensch mit einem stark ausgeprägten Ego liebt es, Macht über andere auszuüben. Er ist nicht bereit, anderen darin zuzustimmen, daß dies eine Form von Verhaftung ist, denn er gibt nichts auf anderer Leute Argumente. Solche Menschen sehen alles durch eine vom Ruß der Ichsucht geschwärzte Brille. „Was ich sage, ist wahr!" – „Meine Meinung ist die einzig gültige!" – „Was ich tue, ist richtig!" – so empfinden sie, und in dieser Einstellung verbringen sie meist ihr ganzes Leben. Solch ein Verhalten ist für den spirituell Suchenden sehr schädlich. Du solltest freudig und eifrig nach jeder hilfreichen Kritik, jedem Vorschlag oder

Ratschlag Ausschau halten, gleich, aus welcher Ecke sie kommen.

Außerdem solltest du alles Diskutieren und Argumentieren auf ein Minimum beschränken, denn es ruft nur Besserwisserei hervor und verwickelt dich in erregte Widerrede und Streitereien.

ॐ

Wirb nicht um die Wertschätzung der Welt. Fühle dich weder erniedrigt noch verärgert, wenn die Welt dich oder deine Verdienste nicht anerkennen will. Bist du um spirituelles Fortkommen bestrebt, ist dies das erste, was du lernen mußt! Es sollte dich nicht froh machen, wenn man dich lobt, denn darin liegt eine fatale Verlockung, die dich auf den Holzweg führen kann und deinen Fortschritt gefährdet.

ॐ

So mußt du dich also an die Arbeit machen und die Eigenarten und Gewohnheiten deines Denkens und Fühlens ändern! Nimm dir fest vor, niemals einem anderen wehzutun. Versuche Verständnis und Mitgefühl für andere aufzubringen und tue Dinge, die anderen zum Wohl dienen. Übe dich darin, Beleidigungen und Kritik wie Ordensverleihungen hinzunehmen. Bemühe dich aufrichtig darum, zu allen Menschen freundlich zu sein, wer immer es sei und wie immer er sich verhalten mag.

ॐ

Was du brauchst, um in Meditation und Konzentration voranzukommen, ist Freude, aber es gibt vieles, was sie dir verderben will. Darum mußt du ernsthaft darum beten, von Störungen verschont zu bleiben. Die Rezitation oder gedankliche Wiederholung des Namen Gottes, heiliger Sätze oder Worte (*mantras*) wird dir dabei eine große Hilfe sein. Krishna sagte seinerzeit: „Wenn du beginnst, all dein Sinnen fest auf Mich zu heften, werden alle Gedanken, die dich in Unruhe versetzen, durch Meine Gnade gestillt."

Die Meditation erfordert äußerste Konsequenz. Tatsächlich bedeutet das Wort „*Dhyāna*" Disziplin. Disziplin, Regelmäßigkeit, Beständigkeit – das sind die wesentlichen Grundlagen der Meditation. Wenn du diese Dinge im Auge behältst, kannst du schnell vorankommen.

Meditation ist ein vorzügliches Heilmittel gegen die Krankheit der Verhaftung (*bhāvaroga*) an die weltliche Existenz (*samsāra*). Zusammen mit der Meditation mußt du noch ein weiteres Heilmittel einnehmen: Zufriedenheit. Ein zufriedenes Gemüt macht das Leben zu einem Fest.

Wünsche versetzen das Gemüt in Unruhe; sie wirken wie ein verzehrendes Feuer, welches den Menschen mit der Zeit auffrißt. Die königliche Straße zur Versenkung in das Selbst ist die Zufriedenheit. Wie ein Wanderer, der viele Meilen unter sengender Sonne gegangen ist, köstlich erfrischt wird vom klaren Wasser des schattigen Sees, so findet auch der Unglückliche, der unter der brennenden Hitze des Verlangens leidet, wunderbare Erquickung, sobald er im See der Zufriedenheit badet.

An den Toren zur Befreiung (*moksha*) und zur Gottesschau (*sākshātkāra*) stehen drei Wächter, die prüfen, ob du zum Eintritt berechtigt bist. Sie heißen Frieden (*shānti*),

Genügsamkeit (*santosha*) und Unterscheidungsvermögen (*vicāra*). Du brauchst dir nur einen von ihnen geneigt zu machen, und schon werden auch die anderen dir Einlaß gewähren. An erster Stelle steht die Genügsamkeit. Vermagst du es, sie dir zu eigen zu machen, gehört dir auch die Zufriedenheit (*tripti*). Zufriedenheit ist die Quelle der höchsten Freude und der wertvollste Besitz. Sie wiegt so viel wie ein Königreich.

Fehlt es dir an Zufriedenheit, nehmen das Verlangen der Sinne (*kāma*) und die Gier (*lobha*) gefährliche Ausmaße an und überwuchern eines Tages selbst deine Unterscheidungskraft. Aus Wünschen wird leicht Habsucht, sie wiederum ufert aus zu Geiz und Gier. Sie treiben einen Menschen dazu, sich auf der Jagd nach vergänglichen Sinnesfreuden von einem Lustobjekt auf das andere zu stürzen. Wie sollen solche Menschen jemals zur Konzentration fähig sein? Und wie sollen sie sich mit Meditation befassen, wenn sie sich nicht konzentrieren können? Ohne sich aber in das wahre Selbst zu versenken (*dhyāna*) kann niemand Göttlichkeit (*daiva*) erreichen.

Rede deinem Gemüt gut zu: „Ihr lieben Gedanken und Gefühle, ihr rast viel zu schnell in zu viele verschiedene Richtungen! Zieht mich nicht hinein in den reißenden Strudel der Dinge, die ein Mensch haben möchte; schleift mich nicht durch die Gosse der sinnlichen Wünsche! Ruiniert bitte nicht mein Leben, sondern führt mich zu Gott. Bitte, schlagt diese Richtung ein!" Gib alle Wünsche auf und verweile immer zufrieden bei Seinem Namen und Seiner Form; schließe alles andere aus. Wenn dein Geist ständig im Gewahrsein des Namens und der Form Gottes verweilt, befindest du dich in wahrem Frieden und wahrer Gelassenheit.

Zufriedenheit läßt niemanden zum Faulenzer werden, denk daran! Sie ist eine Eigenschaft, die zu denen der

Ausgewogenheit und Reinheit (*sattva*) gehört. Sie wird es deinem Denken und Fühlen gestatten, sich stets dem Herrn zuzuwenden, und dich der Mühsal entheben, deine überflüssigen Wünsche zu befriedigen, womit sich doch nur die selbstsüchtigen Bedürfnisse vervielfachen würden. Sie macht dich bereit und frei dafür, deine Begabungen für erhebende Dinge zu nutzen.

ॐ

Ein zufriedener Mensch ist auch ein wahrhaftiger Mensch, und darum befindet er sich in ständiger Verbindung mit dem Selbst. Er kann sich über lange Zeit ununterbrochen und ohne zu ermüden in die Gegenwart Gottes versenken. Die Meditation ist die einzige Methode, den in tausend Richtungen davonschießenden Aktivitäten des Geistes entgegenzuwirken. Es gibt keine andere Methode!

Konzentrationsfähigkeit ist eine sehr nützliche Eigenschaft. Du mußt die Launen deines Geistes beobachten: wie er umherwandert, welchen Dingen er nachgeht und so weiter. Und langsam, mit Hilfe der Meditation, mußt du ihn lehren, still zu sein und ein Segen zu werden.

ॐ

Mach' dir nichts daraus, wenn die Umgebung, in der du lebst, nicht die günstigste ist. Dein Platz im Leben mag Nachteile haben und ist vielleicht nicht der beste, aber es hat keinen Wert, davonzulaufen. Du kannst seine Mängel überwinden, indem du dein Denken und Fühlen schulst. Bleib da, wo du bist und bete zum Herrn! Bitte darum, Er möge dich mit Seinen Gedanken und Seinem Anblick erfüllen und dir so helfen, die Unvollkommenheit deiner Umgebung nicht wahrzunehmen.

Suche nicht das Angenehme! Das Angenehme spornt dich nicht dazu an, dich in das Selbst zu versenken. Lerne, dich an jedem Ort wohlzufühlen, das ist das beste.

Lebe in Freude, da wo du bist. Freue dich in deinem Geist, im Reich deiner Gedanken; dort verehre die Form Gottes, die du dir zum Ziel erwählt hast. Fühle dich frei und unberührt von den Fehlern und Mängeln deiner Umgebung. Kein Fleckchen Erde wird dir zuwider sein, kein Ort dich schrecken!

ॐ

Eitelkeit ist eine heimtückische Untugend. Beim geringsten Anzeichen dieses Krankheitssymptoms mußt du alles tun, um es auszukurieren, indem du dich an einen einsamen Ort zurückziehst und meditierst. Jede Verzögerung ist gefährlich. „Selbst Nektar der Unsterblichkeit (*amrita*) wird zu Gift, wenn er zu spät kommt“, heißt das Sprichwort. Denk' daran und handle schnell! Die Meditation beruhigt das erregte Gemüt, sie reinigt es und erfüllt es mit Freude.

ॐ

Es gibt viele Menschen, sogar unter den Gebildeten, die ihre zugemessene Lebensspanne nicht dazu nutzen, hohe Ideale zu verfolgen. Deshalb gleicht ihr Lebenslauf eher der Fahrt eines Schiffes, das, in Seenot geraten, Anker und Kompaß verloren hat. Sie lassen sich hin- und herreißen zwischen einander widersprechenden Wertvorstellungen und Zielen; sie hören auf die gegensätzlichsten Meinungen. Aus

Angst und Unwissenheit sagen sie das eine und tun das andere, und so vergeuden sie ihr Leben, das schließlich verlöscht, ohne seinen Sinn erfüllt zu haben. Die Meditation aber gibt dem Menschen feste Zielvorstellungen, Mut und auch Weisheit.

Die Gedanken und Gefühle, die in deinem Gemüt entstehen, und die wir in klare, ausgeglichene (*sattvika*), überschießende (*rajasika*) und dumpfe (*tamasika*) unterteilen, mußt du beobachten und läutern. Die überschießenden, nach außen drängenden und auch die dumpfen, unklaren mußt du aus deinem Gemüt verbannen. Die Meditation ist *das* Werkzeug bei dieser Arbeit.

Der Weg der Meditation (*dhyāna-marga*) zerstört die Unwissenheit (*ajnāna*) und gewährt dem einzelnen das Einswerden mit Gott (*brahmaikyatā*).

ॐ

Glossar

(Da es im Sanskrit keinen Unterschied zwischen Groß- und Kleinschreibung gibt, haben wir in diesem Glossar alle Sanskrit-Begriffe und Namen klein geschrieben.)

ādimūrti	Die Urkraft, durch Meditation erreichbar; die Verkörperung des Ursprungs.
ahamkāra	Wörtl. „Ich-Macher"; der Teil jenes inneren feinstofflichen Organs (*antah-karana*), welcher für das Ich-Bewußtsein verantwortlich ist; Ego; Selbstüberschätzung.
ajnāna	Wörtl. „Nicht-Wissen"; Unkenntnis über das unzerstörbare Selbst im Menschen; die Illusion, daß wir mit unserem Körper identisch sind.
ajnānī(n)	Unwissender.
amrita	Wörtl. „nicht tot"; Nektar der Unsterblichkeit; die Sahne des mythischen Milchozeans.
ānanda	Göttliche Freude; Glückseligkeit; unerschöpfliche Quelle des Glücks.
anasuyā	Name einer Heiligen.
antah-karana	Wörtl. „Inneres Organ"; Gesamtheit von Gemüt, Intellekt, Ego und Unterbewußtsein; das innere Instrumentarium eines Menschen; die gesamte Psyche, welche sich durch den Geburtenkreislauf hindurchbewegt.
apsara	Himmlische Wesen, die singen und tanzen; Nymphen.
arjuna	Held des Mahābhārata-Epos; einer der fünf Pāndava-Brüder, dem Shrī Krishna

	zu Beginn der Schlacht von Kurukshetra jene Weisheitslehren offenbart, die in der Bhagavad-Gītā enthalten sind.
āsana	Sitz; Regulierung der Körperhaltung.
ashānti	Friedlosigkeit; Ruhelosigkeit; Kummer.
asura	Dämon; böse, weil Spaltung bewirkende Macht.
ātman	Der Funke Gottes im Menschen; das eigentliche unzerstörbare Selbst hinter der Oberflächenpersönlichkeit; das Selbst, bezeichnet sowohl das höchste Wesen (die Weltseele) als auch die Einzelseele, die nach dem nicht-dualistischen Vedānta ihrem Wesen nach identisch sind.
ātmānanda	Glückseligkeit durch die Erkenntnis des wahren Selbst.
ātmajnāna	Erkenntnis, daß das Selbst die allem zugrundeliegende Wirklichkeit ist; Leben in dieser Erkenntnis.
ātmānu-bhāva	Die Erfahrung des Selbst.
ātma-sākshātkāra	Gottesschau; höchste Stufe der Selbstverwirklichung: das göttliche Wesen erkennt sich als Gott.
ātma-svarūpa	Verkörperung des Selbst; wahre Gestalt des Selbst.
ātma-vidyā	Wissen über das unzerstörbare Selbst.
avadhāna	Konzentration; Unbeirrbarkeit; Aufmerksamkeit.
avatāra	Wörtl. „Herabstieg"; Inkarnation (Fleischwerdung) Gottes. In jedem Zeitalter (*yuga*) kommt Gott aus Liebe zu Seinen Geschöpfen, zur Unterstützung der Menschheit, zur Wiedereinsetzung der Göttlichen Ordnung und Gerechtigkeit als

	Avatār auf die Erde. Die verschiedenen Avatāre unterscheiden sich voneinander durch die Fülle der Gottheit, die sie zum Ausdruck bringen.
bhajana	Lobpreis Gottes; spirituelle Übung zur Selbstverwirklichung durch Lobsingen.
bhākta	Gott-Liebender; jemand, der Gott in gläubiger Hingabe dient; jemand, der den Pfad der Anbetung des persönlichen Gottes und der liebenden Hingabe folgt.
bhakti	Liebende Hingabe; die Anbetung des persönlichen Gottes (in welcher Gestalt auch immer).
bharadvāja	Name eines Heiligen.
bhāva-nāshana	Das Ende jeder Vorstellung.
bhāvaroga	Die universale Krankheit, die in dem Festhalten des Ichs an den wechselnden Sinneseindrücken besteht; Gebundensein an den Kreislauf von Geburt und Tod.
brahmā	Schöpfergott; die erste Gestalt der hinduistischen Trinität (Brahmā, Vishnu, Shiva).
brahman	Das Absolute; der überpersönliche göttliche Grund; die letzte Wirklichkeit, die in allem gegenwärtig ist.
brahmaikyatā	Einswerden mit dem göttlichen Urgrund.
brahma-jnāna	Erkenntnis der letzten Wirklichkeit.
brahma-vidyā	Die Wissenschaft vom Bewußtsein der letzten Wirklichkeit; die Wahrheit, die durch höchste Weisheit enthüllt wird.
buddhi	Intelligenz; Einsicht; der erleuchtete Intellekt; die höhere Intuition.
cit	Bewußtsein, welches unberührt ist von Leidenschaften, rein, frei von Ich-Gefühl.

caitanya	Lebendigmachendes Bewußtsein; aktivierende Wesenheit in der Schöpfung; göttliche Strahlkraft.
daiva	Göttlich.
dhārana	Konzentration; Ausrichtung des Geistes auf einen einzigen Gegenstand.
dharma	Rechtschaffenheit; göttliche Ordnung; Gesetz; ethische Grundordnung; Pflicht.
dhruva	Sohn König Uttanpādas; großer Gottesverehrer, der durch ein Leben der Entsagung und Buße ein Weiser wurde; der Polarstern trägt seinen Namen.
dhyāna	Meditation; Versenkung; Technik, das Denken zum Schweigen zu bringen, damit das absolute Bewußtsein von jeder Überdeckung frei wird; das siebente Glied im achtfältigen Yoga-Pfad des Patanjali; ständige Kontemplation des allgegenwärtigen Gottes.
dhyānamarga	Weg der Meditation.
dhyānī	Meditierender; jemand, der ständig in der Kontemplation des allgegenwärtigen Gottes weilt.
durvāsa	Ein Weiser, der leicht seine Geduld verlor und in Wut geriet.
durvāsanā	Schlechte Angewohnheit; Hang zu etwas Schlechtem.
dussanga	Gesellschaft der Gottlosen und der Lasterhaften.
ekāgratā	Wörtl. „Einspitzigkeit"; einzig auf einen Gegenstand oder allein (*ekā*) auf einen Punkt gerichtete Aufmerksamkeit; Zielgerichtetheit; Situation, in der alle geistigen

Kräfte nur auf ein Objekt konzentriert werden.

gauranga	Anderer Name für Caitanya, einen bengalischen Heiligen um 1500 n. Chr., der von den Gläubigen als Inkarnation Krishnas verehrt wird.
gītā	Kurzform für Bhagavad-Gītā; Teil des Mahābhārata-Epos, welches die Lehren Shrī Krishnas enthält.
grihastha	Jemand, der seine Pflicht im Rahmen des Familienlebens erfüllt; Stütze der guten Ordnung in Familie und Gesellschaft.
guna	Wörtl. „Faden, Strang, Strähne"; die Gunas sind Eigenschaften der Urnatur (*prakriti*); menschliche Verhaltensarten (siehe auch *tamas*, *rajas* und *sattva*); alles im Universum ist aus den Gunas zusammengesetzt.
guru	Spiritueller Lehrer, der Unwissenheit entfernt und Illusion zerstört und seinen Schüler zur Befreiung führt.
hālāhala	Gift, welches beim Quirlen des mythischen Milchozeans neben Amrita entstand und die Welt zerstört hätte, wenn nicht Shiva es getrunken hätte.
hari	Ein Name Vishnus, oft einfach als „Gott" gebraucht.
icchāshakti	Treibende Kraft des Verlangens, die es zu kanalisieren gilt; die Kraft zu wünschen.
indra	Der vedische Gott des Sturms, der seinen Donnerkeil schleudert; der Herr der Götter.
īshvara	Der personale Aspekt des Brahman; persönlicher Gott des Gläubigen; Schöpfer,

Erhalter und Zerstörer des Universums.

jada — Nicht aktiv; passiv; leblos; Eigenschaft der unbewußten Materie.

jagat — Die sich bewegende, wechselnde, vergängliche, unwirkliche Welt; die Schöpfung; das Universum.

jayadeva — Name eines Heiligen.

jīva — Die individuelle Seele, die in einem menschlichen Körper wohnt. Ihrem Wesen nach ist sie eins mit dem Ātman.

jīvanmukta — Von der Identifizierung mit dem Körper befreite, gottverwirklichte Seele; Mensch, der in diesem Leben Befreiung erlangt hat.

jīvanmukti — Befreiung eines Menschen, während er noch auf dieser Welt weilt.

jīvī — Die verkörperte Seele; das Ebenbild Gottes.

jnāna — Erkenntnis der absoluten Wirklichkeit durch philosophisches Streben und Unterscheidung zwischen dem Vergänglichen und dem Ewigen.

jnānendriya — Erkenntnissinn, bestehend aus Hören, Tasten, Sehen, Schmecken und Riechen.

jnānī(n) — Jemand, der auf dem Weg der Erkenntnis Gottes die Erlösung sucht; Weiser; erlöster Mensch; jemand, der von den Versuchungen der Sinne unberührt und unbewegt ist; einer, der Gott in allen Wesen sieht.

kali-yuga — Wörtl. „eisernes Zeitalter"; das letzte der vier Weltenzeitalter, in welchem das soziale und geistige Leben den tiefsten Punkt erreicht. Im Vishnu-Purāna heißt es über das Kali-Yuga: Die Reinheit geht verloren. Geld und Beziehung bedeuten alles. Treue und Glaube sind verschwunden. Lippenbekenntnisse sind an der Tagesordnung. Genuß ist das einzige Band zwischen Mann und Frau. Gute Gespräche werden weder geführt noch geschätzt. Religiöse Reinigungen werden nur noch äußerlich betrieben. Ein Brahmāne ist nicht mehr ein Brahmāne. Das Leben hat sich in jeder Hinsicht total entäußert. Absprachen ersetzen die heiligen Heiratszeremonien. Das gegebene Wort wird nicht gehalten. Nichts ist heilig, und alles ist nur Gier. Gelehrsamkeit wird durch dreistes Auftreten ersetzt. Regieren ist keine Kunst mehr, sondern nur noch versteckte und offene brutale Gewalt. Die Menschen werden zu Tieren. Mädchen bekommen im Alter von sechs bis neun Jahren Kinder. (Zitiert nach Ram Adhar Mall: „Indische Schöpfungsmythen", Bouvier Verlag)

kalpataru — Der Baum, der alle Wünsche erfüllt.

kāma — Wunschdenken; Begierde; Lust; Verlangen; Wünsche nach Dingen der Sinnenwelt wie Geld, Besitz, Ehre, Ansehen, Kinder usw.

kāmadhenu — Die himmlische Kuh, welche alle Wünsche erfüllt.

karma(n) — Jede Form von Aktivität; Arbeit; Handeln; Tun; aus früherem Handeln resultierende universale, unentrinnbare Verpflichtung; Folgen und Wirkungen der

	Handlungen auf einen Menschen; die Summe der Folgen und Wirkungen, hervorgerufen durch die Taten eines Menschen in diesem und in früheren Leben; die Kette von Ursache und Wirkung in der geistigen bzw. moralischen Welt; Bestimmung; das Schicksal, das mit eigener Hand geschrieben wurde und mit eigener Hand wieder ausgelöscht werden muß.
krishna	Wörtl. „schwarz“ oder „dunkelblau“; ein Symbol für den unendlichen Raum des Universums; Verkörperung Vishnus, die in der Bhagavad-Gītā als der oberste Schöpfergott auftritt.
lakshmī	Gemahlin des Nārāyana, des höchsten Gottes; Göttin des Glücks.
laya	Das Verschmelzen des endlichen Intellekts mit dem unendlichen; Erfahrung der Einheit in der Vielfalt; Einswerden; Auflösung; Schlaf.
lingam	Wörtl. „Kennzeichen“; Kultgegenstand; Symbol des Schöpfungsgeschehens; Form, in der alle Formen aufgehen.
lobha	Gier; Habsucht; Begehrlichkeit.
mādhava	Anderer Name für Shrī Krishna; Gott, der Herr des Universums.
malina	Schmutzig; verunreinigend; störend.
mahātma	Wörtl. „Große Seele“.
mahāvākya	Wörtl. „Große Aussage“; ein Kernsatz, in dem die höchste vedische Weisheit zusammengefaßt ist.
manas	Geist; Gemüt; Psyche; Denken; Welt-Ich. Manas wird in der indischen Tradition als Teil des inneren Instrumentariums (*antah-*

	karana) und als feinstoffliches Organ angesehen: Es ist das Sammelbecken der Eindrücke und das Organ des Begehrens und Wünschens. Es verarbeitet alle Sinneswahrnehmungen, setzt aber auch Impulse in Handlungen um. Auf dieser Ebene finden sich Gedanken, aber auch Empfindungen und Wunschimpulse. Übergeordnet dazu steht Buddhi, die höhere Unterscheidungskraft. Das Ziel ist, Manas zu reinigen, damit das göttliche Selbst dort hindurchstrahlen kann.
mangala	Glückverheißend; segensreich.
mantra	Ein heiliges Wort, das der Guru seinem Schüler bei der Einweihung gibt; vedische Hymne; „das Wort, das errettet".
markandeya	Name eines Heiligen.
markata-dhyāna	Wörtl. „Affen-Meditation", bei der die Gedanken des Meditierenden von einem Gegenstand zum anderen springen.
māyā	Der „Schein" des Absoluten. Positiv: die Schöpferkraft Gottes. Negativ: der Schleier der Vielfalt, der das Eine verbirgt. Göttliche Zauberkraft; gestaltende Kraft. Māyā ist auch die Unwissenheit (*avidyā*), die es zu überwinden gilt.
mīra	Eine Heilige (1547-1614); Königin von Chitore und mystische Dichterin.
moksha	Befreiung des Geistes; Unterbrechung des Kreislaufs von Geburt und Tod; Einswerden der Einzelseele mit der letzten Wirklichkeit, Brahman.
nāma	Name; Name Gottes.
nārada	Name eines Sehers. Er wirkt immer wie-

der als Lehrer, Freund, Helfer und Diener Gottes. Er ist ein göttlicher Heilbringer und Erzähler von göttlicher Wahrheit in Formen von Mythen.

nārāyana — Der Name des Einen in seiner Gestalt als Urwesen. Als höchster Gott herrscht er über die Menschen und das Universum. Nārāyana wird oft mit Shrī Krishna identifiziert.

nirvicāra — Nicht analysieren.

nirvitarka — Nicht argumentieren.

nishkāma — Ohne Verlangen.

niyama — Innere, geistige Disziplin; Herrschaft über die Sinne; Reinheit; immer voller Freude; beständige Liebe zur Gottheit zu allen Zeiten und unter allen Umständen.

om — Das heiligste Wort der Veden, auch AUM geschrieben. Symbol sowohl des persönlichen Gottes als auch des unpersönlichen Absoluten.

padmāsana — Lotussitz; Sitz mit gekreuzten Beinen.

pāndit(a) — Ein Gelehrter, bewandert in den heiligen Schriften.

paramātma — Der Ātman in seinem transzendenten Aspekt – im Gegensatz zu seinem immanenten Aspekt als innewohnender göttlicher Funke.

parama-jyotish — Das ewige, wahre, höchste Licht; immanenter und transzendenter Glanz.

patanjali — Begründer des klassischen Yoga-Systems; Verfasser der berühmten Yoga-Sutras (Yoga-Aphorismen).

prahlāda — Name eines großen Gottesverehrers.

prakriti — Urnatur, aus deren Schoß sich die ganze

Schöpfung entfaltet; nicht-bewußte Urmaterie. Aus Prakriti hat sich alles Stoffliche durch Evolution entfaltet.

prāna — Wörtl. „Atem, Lebensodem"; die kosmische Energie, die den Körper durchdringt und erhält und sich in den Geschöpfen am deutlichsten als Atem manifestiert.

prānāyāma — Atemregulierung; Atemübungen.

pratyāhāra — Zurückziehen der Sinne von der äußerlichen, gegenständlichen Welt und ihre Hinwendung zum inneren Gewahrsein; der fünfte Grad des achtfältigen Yoga-Pfades.

prema(n) — Göttliche, reine Liebe; Liebe ohne Bindung; Liebe für alle Wesen.

pūjā — Rituelle Gottesverehrung.

purusha — Wörtl. „Mensch"; der ursprüngliche, ewige Mensch; das höchste Wesen, von dem alles, was ist, ausging; individuelles bewußtes Prinzip; (komplementäre Ergänzung: Prakriti).

rādhā — Eine der Hirtinnen von Brindāvan; Gespielin Shrī Krishnas.

rāga — Wörtl. „Leidenschaft; Grundmelodie".

rajas, rajasika, (rajoguna) — Einer der drei Gunas: Aktivität; Leidenschaftlichkeit; dynamische Eigenschaften. Fieberhafte Aktivität, die die Mittel ignoriert, während sie sich auf das Ziel konzentriert; siehe *rajas*.

rāja-yoga-shāstra — Lehre vom „königlichen" Yoga, dem Pfad der Konzentration und Meditation, identisch mit dem Yoga Patanjalis.

rāma — Ein Avatār, der am Ende des Treta-Yuga als siebente Inkarnation Vishnus erschien.

Rāmas Leben und Heldentaten werden im Rāmāyana-Eposbeschrieben. Rāmawirdals höchste Wesenheit, als Erlösergott verehrt.

rishi — Weiser, Seher, welcher die Offenbarung und die göttlichen Wahrheiten vernimmt und den Menschen weitergibt.

rūpa — Form; das, was sichtbar ist.

sadguna — Tugend; gute Eigenschaft.

sādhaka — Gottsuchender; einer, der sich in spirituellen Disziplinen (*sādhana*) übt; spiritueller Aspirant.

sādhana — Abgeleitet von *sādh*: „zum Ziel gelangen", soviel wie „Mittel zur Vollendung"; Übung; geistige Disziplin; psychische Reinigung.

sādhu — Ein guter Mensch; jemand, der sich von den Bindungen der Welt gelöst hat; Mönch.

sākshātkāra — Vergegenwärtigung Gottes; die höchste Stufe der Selbstverwirklichung; Gottesschau.

samādhi — Das Stadium der Meditation, in dem die Form, auf die man sich als einziges konzentriert hat, verschwindet, und der Meditierende sich selbst vergißt. Freisein von Dualismus; Einheitserfahrung.

sammata — Einverständnis; Zustimmung.

samnyāsī — Mönch; einer, der der Welt völlig entsagt hat, um sich der Vereinigung mit dem Göttlichen zu widmen.

samsāra — Der Kreislauf von Geburt und Tod; Strom der Zeit; die Wandelwelt; der sich ständig in Zeit und Raum verändernde Lebensprozeß.

sanātana	Ewig; zeitlos.
„Sanāthana Sārathi“	Wörtl.: „Zeitloser Wagenlenker“, Name einer Zeitschrift, die im Ashram von Sathya Sai Baba (Prashānti Nilayam) erscheint. Mit „Wagenlenker“ ist Shrī Krishna gemeint, das Selbst als ständiger Begleiter der abgesonderten Seele.
santosha	Zufriedenheit; heitere Gelassenheit; Genügsamkeit.
sat	Sein.
sat-cit-ānanda	Wörtl. „Sein-Erkenntnis-Seligkeit“; die überweltliche Fülle des einen lebendigen Gottes. Bezeichnung Brahmans oder der absoluten Wirklichkeit.
satsanga	Gute Gesellschaft; Freundschaft mit guten, gottesfürchtigen Menschen.
sattva, sattvika, (sattvaguna)	Der höchste der drei Gunas, die „lichte“ Wesenheit: Weisheit, Schönheit, Harmonie. Aspekt der Reinheit und Ausgeglichenheit.
satya	Wahrheit; Wirklichkeit; Realität; die Wahrheit, die für alle Zeiten und unter allen Umständen unveränderlich ist; das Gefühl, das sich im Herzen geformt hat und dann in Worten ausgedrückt wird.
savicāra	Analysieren.
savikalpa-samādhi	Zustand der Einheit mit Gott, in dem das Bewußtsein von Meditierendem, Objekt der Meditation und Prozeß der Meditation als Einzelelemente vorhanden ist.
savitarka	Argumentieren.
sāvitrī	Name einer Heiligen.
seva	Dienst; selbstloser Dienst am Nächsten, ohne Erwartung von Lohn.

shakti — Urkraft Gottes; Kraft des Werdens; weiblich aufgefaßte dynamische schöpferische Kraft des Absoluten; die göttliche Mutter.

shānti — Frieden; Seelenfrieden.

shāstra — Eine heilige Schrift, die uns den rechten Weg weist; Lehrbuch der Philosophie etc.

shiva — Wörtl. „Segenbringend, heilsam"; der Freundliche, Gütige. Shiva ist der höchste Gott der Yogīs, die ihn als den alles besiegenden Asketen verehren. Shiva ist neben Brahmā (dem Schöpfergott) und Vishnu (dem Erhaltergott) der Gott der notwendigen Zerstörung des Universums zwecks seiner Neuerschaffung. Er befreit den Menschen von Verhaftungen und Bindungen. Alle Kräfte der Zerstörung sind Shiva untertan. Er ist der Herr des Todes und des Lebens.

shivo-ham — Wörtl. „Ich bin Shiva"; ich bin Er; ich bin Gott.

shreyo-karma(n) — Tätigkeiten, die befreien; selbstloses, makelloses, diszipliniertes Handeln; die Hauptcharakteristik dieser Art des Wirkens ist die Erwartungslosigkeit.

shrī — Wörtl. „Pracht, Schönheit, Glück; Wohlstand, Reichtum; Majestät; Ehrwürdiger, Erhabener"; ein ehrender Beiname vor Götter- und Menschennamen.

shubha — Das Gute.

shubha-vāsanā — Förderliche, gute Gewohnheit oder Neigung.

shvetaketu — Name eines großen spirituellen Meisters.

siddhi — Okkulte Kraft; höhere menschliche Fähig-

	keit, an die man sich allerdings nicht binden sollte.
smarana	Gedankliches Verweilen; Erinnern.
sujnāna	Weisheit.
svarūpa	Gestalt des Selbst; Wesen; Beschaffenheit; Charakter.
svayam-jyotish	Das aus sich selbst heraus strahlende Licht.
tamas, tamasika (tamoguna)	Der Guna der Trägheit und Dunkelheit; Unwissenheit, Stumpfsinn und alle Übel, die daraus entstehen. Nicht zwischen Recht und Unrecht unterscheiden können.
tapas	Askese; Reinigung; Kasteiung; religiöse Buße; spirituelle Praxis; einer der notwendigen Schritte auf dem Weg, alle Ichsucht zu überwinden; Erhitzung; Selbstbeherrschung. Tapas ist die innere Glut des Absoluten im Menschen.
tripti	Befriedigung.
uddālaka	Name eines Weisen; Vater Shvetaketus.
Upanischaden	Schlußteil des offenbarten Teils der Veden und die hauptsächliche Basis des Vedānta, der philosophischen Schlußfolgerungen aus den Veden. In ihrem Mittelpunkt steht immer wieder die Bedeutung von Ātman und Brahman, die Erkenntnis der Identität der beiden, sowie die Bedeutung der heiligen Silbe OM.
upanishad	Wörtl. „sich nahe zu jemandem niedersetzen", d.h. zu Füßen des Guru sitzen, um die vertrauliche, verborgene Lehre zu empfangen.
vairāgya	Wörtl. „Leidenschaftslosigkeit"; Wunschlosigkeit; Entsagung; das Herauswachsen

	aus den vergänglichen Dingen der Diesseitigkeit, weil man die unvergängliche Wirklichkeit Brahmans gefunden hat.
vāmana	Ein Avatār Vishnus in Zwergengestalt, der den Dämon Bali von seiner Selbstsucht und Vermessenheit befreite.
vāsanā	Wörtl. „Vorstellung, Verlangen; Eindruck". Abgesunkene und verborgene Wünsche, Neigungen und Ambitionen, die jederzeit wieder an die Oberfläche kommen können. Gewohnheit, Denkmuster, Prägung – im positiven wie im negativen Sinn; die Vāsanas bilden das dem Diesseitigen verhaftete Welt-Ich.
veda	Wörtl. „Wissen, Kenntnis"; siehe *Veden.*
vedānta	Zusammensetzung aus Veda und *anta*: „Ende"; das Ende, d.h. die Schlußbetrachtung der Veden. Ein philosophisches System, das auf den Lehren der Upanischaden aufbaut. Wichtigstes Werk sind die Vedānta-sūtras.
Veden	Die offenbarten heiligen Schriften der Hindus, bestehend aus dem Rig-, Sāma-, Yajur- und Atharva-Veda.
vicāra	Nachforschen über das Wesen des Selbst und der Wahrheit; ständiges gedankliches Verweilen bei den Grundfragen des Lebens: Woher komme ich, wohin gehe ich?
vicārana-marga	Weg des Nachforschens.
vidyā	Wissen; höhere Erkenntnis.
visha	Gift.
vishaya	Dinge der Welt; Sinnesobjekte; weltliche Genüsse.

vishaya-arma(n)	Sinnenverhaftetes, bindendes Handeln. Alles, was man tut, geschieht in der Erwartung, etwas dafür zu bekommen.
vishnu	Wörtl. „der Alldurchdringende"; der zweite Aspekt der Hindu-Trinität, Erhalter und Bewahrer der Schöpfung; der Formlose, der von Zeitalter zu Zeitalter Menschengestalt annimmt, um die göttliche Ordnung wiederherzustellen.
vishvāmitra	Name eines großen Weisen.
viveka	Unterscheidung zwischen dem Wirklichen (Gott) und dem Nichtwirklichen (der Erscheinungswelt).
yajna	Wörtl. „Opfer"; alle schlechten Neigungen abwerfen; im Geiste der Dankbarkeit, Demut und Reinheit Gott Opfer bringen.
yama	Herr des Todes; Selbstbeherrschung; Aufgeben von Bindungen an den Körper und die Sinne; erstes Glied des achtfältigen Yoga-Pfades.
yoga	Wörtl. „Vereinigung"; Disziplin; geistige und körperliche Übungen zur Reinigung des Geistes, um zur Vereinigung der Einzelseele mit dem göttlichen Selbst zu kommen.
yogī(n)	Jemand, der die Vereinigung mit Gott auf einem der Yoga-Wege sucht, bzw. gefunden hat; einer, der Yoga und einfache Lebensweise praktiziert.
yuga	Weltzeitalter. Nach hinduistischer Auffassung verläuft die Geschichte der Welt zyklisch. Ein Zyklus ist in vier Yugas eingeteilt: Satya-, Tretā-, Dvāpara- und Kali-Yuga (Gold, Silber, Kupfer und Ei-

sen). Das Satya-Yuga („Goldenes Zeitalter“) ist das Zeitalter, in dem Tugend und Rechtschaffenheit (Dharma) zu einem Höchstmaß verkörpert sind. Mit jedem folgenden Yuga nimmt Dharma um jeweils ein Viertel ab. Im Kali-Yuga ist Dharma schließlich nur noch zu einem Viertel vorhanden.